Noriko Kuriyama

SAG MIR, WAS DU ISST, UND ICH SAGE DIR, WIE DU BIST

*Von Bohne bis Zitrone:
Was Ihr Lieblingsessen über
Ihren Charakter verrät*

Die Deutsche Bibliothek – CIP-Einheitsaufnahme

Kuriyama, Noriko:
Sag mir, was du ißt, und ich sag dir, wie du bist! : von Bohne bis Zitrone ; was Ihr Lieblingsessen über Ihren Charakter verrät / Noriko Kuriyama. Aus dem Amerikan. übers. von Bettina Blank. – Landsberg am Lech : mvg-verl., 1999
(mvg-Paperbacks ; 08610)
Einheitssacht.: Fortune telling with food <dt.>
ISBN 3-478-08610-8

Titel der amerikanischen Originalausgabe: „Fortune Telling with Food"
Übertragen aus dem Amerikanischen von Bettina Blank.

Umschlaggestaltung: Weinold, Schwabmünchen
Satz: Fotosatz H. Buck, Kumhausen
Druck- und Bindearbeiten: Ebner Ulm
Printed in Germany 080 610/399502
ISBN 3-478-08610-8

Inhaltsverzeichnis

Einleitung

Zukunftsprophezeiungen haben Hochkonjunktur. Der einschlägige Markt wird überschwemmt von Büchern über Astrologie, Nostradamus, Handlesen, Tarot, Alphabettafeln ... – unendlich ließe sich die Liste fortsetzen. Aber ein Buch, das WAS SIE ESSEN zur Grundlage der Bestimmung Ihres Charakters und Ihrer persönlichen Zukunft macht? Diesen Ansatz hat es noch nicht gegeben.

Was wir essen beeinflußt tatsächlich unseren Wohlstand, unsere Gesundheit, Zufriedenheit, berufliche Situation und unseren Erfolg. Dieses Buch legt Nahrungsmittel – und ob man diese mag oder nicht – einer Erarbeitung von Persönlichkeitstypen zugrunde. Ferner enthält es Nahrungstabellen, mit deren Hilfe Sie Ihre eigenen Charaktereigenschaften und Zukunftsaussichten sowie die Ihrer Freunde und Familie näher bestimmen können. Indem Sie sich auf eine ausgewogenere Ernährung besinnen, können Sie diese Wesenszüge und damit Ihr körperliches und seelisches Wohlbefinden entscheidend verbessern.

Das Buch basiert auf einem Bestseller, den mein Vater, Kiichi Kuriyama, 1969 als Resultat jahrzehntelanger persönlicher Experimente und einer Vielzahl am Kuriyama Health & Nutrition Research Institute gesammelter Praxisdaten veröffentlichte. Das Kuriyama Health & Nutrition Research Institute ist das größte und renommierteste Unternehmen seiner Art in Japan und zusammen mit der ihm angegliederten Japan Natural Foods Association seit 70 Jahren erste Adresse für eine wissenschaftlich fundierte Beratung in Ernährungsfragen. Derzeit unterhält es 16 über ganz Japan verteilte Schulungszentren, in denen rund 30 000 Seminarteilnehmer Monat für Monat zu Themen wie Gesundheit, Ernährung, Diät, Krankheitsprävention/-bekämpfung etc. unterrichtet werden. Und da jeder Seminarbesucher eine Familie hat, beläuft sich die Zahl derer, die im Laufe der Jahre von der Kuriyama-Ernährungsphilosophie profitiert haben, auf mehrere hunderttausend.

Kiichi Kuriyama rief sein Institut vor mehr als sieben Jahrzehnten ins Leben. Lange vor der Ära tabellenrezitierender Ernährungsexperten, Biobauern und kalorienzählender Schlankheitsjünger begann mein Vater, den Nutzen naturbelassener Lebensmittel zu predigen, da es für ihn damals buchstäblich um Leben und Tod ging.

Als der junge Kuriyama Anfang dieses Jahrhunderts die Universität in Tokio besuchte, mußte er mit ansehen, wie zwei seiner engsten Freunde an Tuberkulose starben, bis auch er an der schrecklichen Krankheit erkrankte. Er kehrte zu seinen Eltern, die mit dem Schlimmsten rechneten, auf die Insel Kyushu im Süden zurück. Nach Erproben mehrerer Therapien stieß mein Vater auf Passagen in den Büchern Platos und Thomas Edisons, die eine vorwiegend aus rohem Obst und Gemüse bestehende Ernährung propagierten. Entschlossen, der Sache auf den Grund zu gehen, besorgte Kuriyama drei Affen in einem Zoogeschäft, die er verschieden füttern und dabei beobachten wollte, wie deren Gesundheit auf die Unterschiede reagierte.

Klingt weit hergeholt? Die US-Regierung wäre gewiß anderer Meinung. Nach einer Meldung der Associated Press vom 31. August 1994 in der Yomiuri Evening News investierte die amerikanische Regierung bis 1994 über 1 Million Dollar in eine 10-Jahres-Studie der University of Maryland zu den Auswirkungen verschiedener Ernährungsweisen auf ... richtig: 27 Rhesus-Affen! So clever war Kuriyama bereits vor 70 Jahren.

Er beobachtete, daß der Affe, der nur Rohkost futterte, gesünder und zutraulicher war und schneller Tricks lernte als der Affe, der nur Gekochtes und Gedämpftes fraß, bzw. sein Artgenosse, der eine Mischdiät bekam. Der Affe, der nur gekochte Nahrung fraß, verhielt sich, als befände er sich noch in der freien Wildbahn. Obwohl er nie völlig auf gekochte Speisen verzichtete, überzeugten das Affen-Experiment und sein intensives Studium einschlägiger Literatur meinen Vater davon, durch den Schwerpunktverzehr von rohem Obst und Gemüse wieder gesund werden zu können. Und es klappte! Es gelang ihm, aus eigener Kraft die Tuberkulose und ihre Folgesymptome zu besiegen.

In dem Wunsch, sein Wissen mit anderen zu teilen, zog Kiichi Kuriyama auf die japanische Hauptinsel zurück und begann, diese Botschaft in den Großstädten zu verbreiten. Weil er der erste war, der die Vorteile einer natürlichen – oder wie man heute sagen würde: vollwertigen – Ernährung pries, hielten viele ihn damals für einen Spinner, und einmal wurde er sogar verhaftet und verhört. Doch er ließ nicht locker. Er forschte und recherchierte weiter, und bald half er vielen Menschen, die unterschiedlichsten Krankheiten zu überwinden. Allmählich bildeten sich kleine Gruppen, und die Kuriyama-Ernährungsphilosophie gewann zunehmend an Popularität.

Schließlich wurde das Kuriyama Health & Nutrition Research Institute aus der Taufe gehoben. Über die Jahre hinweg avancierte Kiichi zu einem bekannten und angesehenen Ernährungsberater und Verfechter natürlicher Nahrungsmittel und therapeutischer Diäten. Er lehrte, wie sich mit entsprechenden Nahrungskombinationen bestimmte Resultate erreichen ließen. Viele Bestseller stammen aus seiner Feder, in Rundfunk und Fernsehen war er ein gern gesehener Gast. Berühmte Politiker, Leinwandstars und einflußreiche Geschäftsleute schätzten seinen Rat, er hielt Seminare in Banken und großen Konzernen. Sogar der Leibarzt des kaiserlichen Hofs konsultierte ihn während der Amtszeit des letzten Kaisers. Kuriyamas Hauptinteresse blieb jedoch, sein Wissen der Durchschnittsbevölkerung zugänglich zu machen. Menschen aus allen Schichten pilgerten zu seinen Seminaren und Vorträgen.

1991 verstarb mein Vater im betagten Alter von 96 Jahren. Bis zu seinem Todestag hatte er seine Aufgaben als Redner, Berater und Institutspräsident mit unverminderter Verve wahrgenommen. Er starb plötzlich – an Komplikationen, die aus einem Hüftbruch resultierten. Wäre dieser Unfall nicht passiert, so seine Meinung, wäre er mindestens 110 geworden und hätte bis zum Schluß ein erfülltes, vitales Leben geführt. Vom jungen Unbekannten, der dem Tod geweiht war, hatte er es zum vielgeliebten und hochgeschätzten Ernährungsphilosophen gebracht, dem man den Titel »Doktor« Kuriyama gab. Das von ihm gegründete Institut besteht erfolgreich weiter, und jedes Jahr lernen mehr Menschen, ihrem Leben über eine geänderte Ernährungseinstellung eine glückliche Wendung zu geben.

Heute bin ich die Leiterin des in Tokio beheimateten Instituts. Meine jahrzehntelange Erfahrung und intensive

Gespräche mit Institutsmitgliedern und Freunden halfen mir, den Klassiker meines Vater so umzuschreiben, daß er für den modernen Leser einfacher und interessanter ist. Obwohl das Buch ernährungswissenschaftliche Fakten präsentiert, wollte ich, daß die Lektüre vor allem Spaß macht und zu neuen Gedanken anregt. Bitte vergessen Sie trotzdem nicht die durchaus ernste Prämisse, die ihm zugrunde liegt: *Wir sind, was wir essen.* Mit jeder Minute unseres Lebens bekommen wir eine neue Chance, uns zum Besseren zu verändern. Legen Sie ab sofort mehr Wert auf frisches Obst, Gemüse und eine insgesamt ausgewogenere Ernährung. Sie werden sich großartig fühlen, und wichtiger noch: Sie werden sich in einen neuen, gesünderen Menschen mit gesunden Lebensgewohnheiten verwandeln.

Dies ist das erste von vielen Büchern des Kuriyama-Instituts, die übersetzt und außerhalb Japans veröffentlicht wurden. Unsere geplante Reihe mit Büchern und Videos wird eine breitgefächerte Themenpalette – Schönheit, Wellness, Krankheitsprophylaxe, Vollwertrezepte u.v.a – abdecken, allesamt von der Kuriyama-Philosophie inspiriert und genährt.

Ich wünsche Ihnen Gesundheit, Glück und ein langes Leben!

Noriko Kuriyama
Leiterin des Kuriyama Health & Nutrition Research Institute, Japan Natural Food Association

Kapitel 1: Nahrung und Leben

Im modernen Informationszeitalter sind gesunde Ernährung und hohe Leistungsfähigkeit zwei Seiten einer Medaille

Nahrung und Wissen

Bevor es die Wissenschaft gab, wurden alle Naturphänomene auf Akte Gottes oder buddhistisches Karma zurückgeführt. Auch dem menschlichen Schicksal, so dachte man, lag eine Kombination kultureller Sitten und natürlicher Ursachen und Wirkungen zugrunde.

Die Religion war eine großartige und scheinbar vorbestimmte Entwicklung, die die erfaßbare Welt des Menschen mit dem Übernatürlichen, Unfaßbaren verquickte. Dann hielt die Logik Einzug ins religiöse Leben und rückte häufig die Nahrung in den Mittelpunkt des Interesses. In der Tat spielt die Nahrung in vielen Religionen eine Schlüsselrolle, was nicht zuletzt die hohe Bedeutung von Altaropfern erkennen läßt. Die Naturvölker glaubten, die Götter mit Geschenken in Form von Naturalien milde stimmen und so die Geschicke ihres Stamms positiv beeinflussen zu können.

Auch heute noch sind Nahrungsmittel eine zentrale Beigabe vieler religiöser Riten und Handlungen. In Japan stellen Fisch und Reiswein nach wie vor einen maßgebenden Aspekt in religiösen Zeremonien dar. Mit anderen Worten: Von der Ära der primitiven Naturvölker bis in unserer hochtechnisiertes Zeitalter war die Nahrungsbeschaffung stets eine fundamentale Notwendigkeit, denn Nahrung bedeutet Leben.

In China werden die sogenannten Gesetze der Nahrung seit Jahrtausenden überliefert, was zur Ausprägung bestimmter Sitten und Tabus führte. Die jüdischen Propheten aßen in der Wüste Honig und Heuschrecken, während das Christentum Jesus Brot und Wein in der heiligen Messe opfert. Auf der Suche nach Erleuchtung verschmähte Gautama Buddha die üppigen Speisen der Palastküche und fastete lieber. Alle diese Religionen wußten, daß der Mensch sein Schicksal über die Nahrung beeinflussen kann.

Die Geschichte der Menschheit ist zugleich eine Geschichte des Essens. Im Laufe der Zeit lernten die Menschen durch Übung und Erfahrungswerte, statt roher auch gekochte Speisen zu mögen. Je mehr die Wissenschaft an Bedeutung gewann, um so logischer und wissenschaftlicher wurde auch die Nahrungszubereitung angegangen. Das Thema Essen wurde komplizierter, und die Menschen fanden Geschmack an Speisen, die den Gaumen stärker stimulierten und befriedigten. Leider fanden sie dabei auch Gefallen an Dingen, die sie früher nicht angerührt hätten – der Verfall der Ernährungssitten hatte eingesetzt.

Für viele Gerichte verschiedener Länder war ausschlaggebend, welche Nahrungsmittel verfügbar waren und in einer Zeit, in der es weder Kühlschränke noch Konserven gab, durch Räuchern oder Marinieren haltbar gemacht werden konnten. Japan bildete da keine Ausnahme. Heutzutage genießen wir indes das ganze Jahr über die Auswahl einer reichen Palette frischer Waren und unzähliger gesunder Kombinationsmöglichkeiten. Leider ist auch das Angebot an Fastfood und anderen Lebensmitteln mit geringem Nährwert inzwischen sehr groß.

In gewisser Weise befreite uns die Wissenschaft von vielen nahrungsbezogenen Tabus. Doch dieses Mehr an Freiheit hat viele dazu verleitet, den vernünftigen Ernährungsprinzipien von einst den Rücken zu kehren.

Heute analysiert man mit Hilfe wissenschaftlicher Methoden zum Beispiel die Effekte, die eine Mißachtung fundamentaler Ernährungsprinzipien auf bestimmte Personengruppen hat. So fand man in einer amerikanischen Studie, die die Hintergründe kriminellen Verhaltens untersuchte heraus, daß die Ernährung dafür eine nicht zu unterschätzende Rolle spielen kann.

Die Studie untersuchte die Auswirkungen von Armut, mangelhafter Bildung, schlechter Ernährung und Fehlernährung auf das soziale Verhalten. Wir glauben, daß hier tatsächlich ein Zusammenhang besteht, wobei andere soziale Einflüsse nicht vergessen werden dürfen: Ein Kind, das – aus welchen Gründen auch immer – nicht genügend oder falsch ernährt wird, wird nicht sein volles Potential entwickeln, langsamer lernen als Gleichaltrige und in der Schule hinterherhinken. (Zu den gleichen Resultaten gelangte Kiichi Kuriyama in seinem Affen-Experiment vor 70 Jahren.) Fehlernährung und unterdurchschnittliche Leistung können zu Frustration, Entfremdung und Selbstbewußtseinsverlusten führen, die ein Kind leicht zum Außenseiter in Schule und sozialem Umfeld abstempeln, der sich später vielleicht an der Gesellschaft rächen will. Unterernährung ist die extremste Form der Fehlernährung und kann zum Tod führen. Fehlernährung existiert in vielen Abstufungen und ist keineswegs immer die direkte Folge wirtschaftlicher Not:

Weltweit gibt es Millionen Menschen mit kargem Einkommen, die es trotzdem schaffen, sich vernünftig und ausgewogen zu ernähren – weil sie wissen, wie ihnen das gelingt, und sich Mühe geben.

Umgekehrt gibt es viele andere, die trotz materiellen Wohlstands Dinge mit wenig oder ohne Nährwert bevorzugen und damit sich und ihren Familien ebenfalls Schaden zufügen. Wenn dem Körper essentielle Nährstoffe vorenthalten werden, ist das eine Form der Fehl- bzw. Unterernährung. Zwei Beispiele: Bekommt der Körper zu wenig Vitamin A, kann es zu Beeinträchtigungen der Sehkraft und sogar zur Erblindung kommen. Ein Mangel an Vitamin C aus frischem Obst und Gemüse schwächt nicht nur die Immunabwehr, sondern begünstigt auch Skorbut und andere Krankheiten. Die Liste ließe sich noch lange fortsetzen.

Fettleibigkeit entsteht in der Regel, wenn man dem Körper regelmäßig mehr Kalorien zuführt als er benötigt. Sie kann aber auch die Folge einer Fehlernährung sein. Es ist durchaus möglich, durch zuviel Fastfood, Fett und Zucker ein Nährstoffdefizit im Körper hervorzurufen, das ihn aus dem Gleichgewicht wirft. Aus Angst vor einer drohenden Hungersnot verwandelt er künftig alles, was er an Nahrung bekommt, in Fett und lagert es als eiserne Reserve für Notzeiten ein. Die Folge: Die Person wird immer dicker. Auch Streß kann zur Fettleibigkeit beitragen, indem der Körper übersäuert und sein Hormonhaushalt gestört wird. Dadurch können die zugeführten Nährstoffe nicht richtig verwertet werden.

Eine Maxime der Kuriyama-Philosophie, wie sie in Japan gelehrt wird, besagt: Nicht *wieviel,* sondern *was* Sie in welcher Kombination essen, ist entscheidend. Nach der Kuriyama-Philosophie können Sie soviel essen, wie Sie wollen, und trotzdem abnehmen und/oder eine

Vielzahl gesundheitlicher Probleme lindern. Dadurch werden Sie gesünder, produktiver und glücklicher.

Letztlich ist persönliches Lebensglück kein Geschenk der Götter, sondern eher das Ergebnis gezielter Anstrengungen. Wahres Glück erreichen Sie, indem Sie die Gesetze der Natur befolgen und in Harmonie mit ihr leben.

Die Besucher japanischer Schreine kaufen hölzerne Pfeile und Papierstreifen, die angeblich ihre Zukunft vorhersagen, oder sie werfen Münzen in bereitgestellte Holzkisten. Bei bestimmten Festen in buddhistischen Tempeln werden fritierte Reiswaffeln und rohe Sojabohnen verteilt, die Glück bringen sollen.

Wer sein Schicksal und seine Zukunft lieber selbst in die Hand nehmen möchte, wird scheitern, solange er nicht lernt, die Körper, Natur und Nahrung regierenden Gesetze zu verstehen. Diese Menschen können sich niemals selbst heilen, ja, man könnte sie sogar ignorant nennen. Indem sie von Generation zu Generation weitergegebene oder von der kommerziellen Lebensmittelindustrie propagierte Methoden der Nahrungszubereitung blind übernehmen, begreifen sie niemals, wie wichtig das Ritual der Nahrungsaufnahme ist und wie sehr es unser Wesen an sich beeinflußt. »Die Stärksten überleben« – diesen jahrtausendealten Test bestehen diese Leute nicht.

Die Wissenschaft hat uns technologisches Verständnis gebracht und das Leben angenehmer gemacht. Aber gleichzeitig bedroht sie unser Dasein auf vielfältige Weise. In Japan war beispielsweise das Contergan-Syndrom die direkte Folge von Industrieabfällen. Auch die Gefahren radioaktiver Strahlen und einer wachsenden Zahl industrieller und kommerzieller Gifte dürfen nicht vergessen werden. Konservierungsmittel, Pestizide, Farbstoffe, Aufheller und Bleichmittel etc. – alle diese Chemikalien vergiften unsere Nahrung und bedingen, daß die Schwächsten, die sich gegen die schädlichen Einflüsse nicht zur Wehr setzen können, erkranken, physisch degenerieren und frühzeitig sterben. Die nicht nachlassende Flut unnatürlicher, industriell hergestellter Lebensmittel sowie immer stärker um sich greifende schlechte Ernährungsgewohnheiten machen diesen traurigen Trend nur noch schlimmer.

Nehmen wir die Zeugung. Von Millionen Spermien des Mannes gelingt es nur wenigen, sich in Gebärmutter und Eileiter vorzukämpfen und die weibliche Eizelle zu befruchten, so daß neues Leben entsteht: das erste Stadium des natürlichen Ausleseprozesses, der das ganze Leben fortdauert und jenen, die am meisten Verstand und Geschick besitzen, den größten Erfolg ermöglicht. In unserer heutigen Welt drückt sich Erfolg meist in sozialem Aufstieg und hohem Einkommen aus.

Narren und Taugenichtsen ist selten ein langes, glückliches Leben vergönnt. Wenn Sex und Nahrung die Fundamente menschlichen Daseins bilden, verhilft uns das hemmungslose Auskosten beider Faktoren – eine Begleiterscheinung »menschlicher Zivilisation« – zu echtem Fortschritt und Lebensglück? Wohl kaum. In dieser Hinsicht waren unsere Vorfahren offenbar klüger als wir. Wir müssen unsere Eßgewohnheiten umstellen, um zu unserem Verstand und dem Ideal menschlicher Existenz zurückzufinden. Nur so können wir, im wahrsten Wortsinn, »Herren unseres eigenen Schicksals« werden.

Ein altes japanisches Sprichwort prophezeit, daß selbstbewußte Menschen »vorankommen in der Welt«. Ein scharfer Verstand ist die Voraussetzung für solchen Erfolg. Und mit dem richtigen Essen können Sie Ihren Verstand schärfen. Es ist eine Binsenweisheit, daß eine ausgewogene Ernährung Geist und Körper stärkt, und ein starker Geist und Körper sind Wegweiser in eine bessere Zukunft.

Um Ihren Körper optimal zu verändern, brauchen Sie drei Jahre Geduld.

In vielen Glaubenssystemen können »Weissagungen« und »Ahnungen« das persönliche Schicksal wesentlich bestimmen. Ein weiteres japanisches Sprichwort lautet: »Man kann auch zum Kopf einer Sardine beten, wenn man fest daran glaubt.« Oder anders: Der Glaube versetzt Berge, und es steht uns frei, an alles mögliche zu glauben.

Doch unsere moderne Gesellschaft ist eine Welt der Wissenschaft. Uns in den Aberglauben zu flüchten, wann immer etwas Mysteriöses, rationell nicht Erklärbares passiert, funktioniert nicht mehr. Nehmen wir das traditionelle Hand- oder Gesichtlesen. Diese Praktiken müssen einfach ein Körnchen Wahrheit enthalten – jedenfalls glauben das auch heute noch zahlreiche Leute –, denn oft genug kündigen die Prophezeiungen tatsächlich nicht wenig von dem an, was später eintritt. Natürlich hängt viel damit zusammen, wie »wohlwollend« man die nebulösen Andeutungen auslegt.

Kann es denn angehen, daß unser Schicksal von ein paar Runzeln in Gesicht oder Hand determiniert wird? Offen gesagt: Solche Vermutungen entbehren jeder wissenschaftlichen Grundlage. Wer mit einer kurzen Lebenslinie gestraft ist, dem bliebe demnach nichts anderes übrig, als sich zurückzulehnen und die Handflächen kräftig gegeneinander zu reiben, in der Hoffnung, dadurch seine Lebenslinie – und sein Leben – zu verlängern. Wenn ein Wahrsager einen Mann warnt: »Ich erkenne in Ihrem Gesicht oder dem Höcker auf Ihrer Stirn, daß Sie Pech mit Frauen haben werden«, kann dieser sich nur vornehmen, im Umgang mit dem weiblichen Geschlecht vorsichtig zu sein. Eltern zermartern sich oft den Kopf, wie sie ihr Baby nennen sollen. Aber vermag ein Name wirklich Glück oder Unglück für den Lebensweg zu bringen?

Mit der Nahrung ist es anders: Daß wir über die Ernährung unsere Zukunft beeinflussen können, läßt sich nachweisen. Wenn man einer Henne viel Kalzium füttert, werden die Schalen ihrer Eier dicker. Erhöht man den Anteil grüner Gemüse im Futter, bekommt das Eigelb eine dunklere Färbung. Das ist keine Frage von Glauben oder Nichtglauben: Man kann diese Veränderungen binnen kurzer Zeit mit bloßem Auge erkennen. Anders als die Behauptung, daß ein Politiker oder Jurist mit der Zeit immer mehr aussieht wie ein Politiker oder Jurist oder Hunde und deren Besitzer sich zunehmend ähnlicher sehen.

Wie beim Beispiel der Hühnereier, die für jedermann erkennbar eine andere Optik annehmen, wird eine Umstellung Ihrer Ernährung auch Ihr Äußeres verändern. Mit dem neuen Aussehen entwickeln Sie eine neue Einstellung zum Leben. Und mit einer neuen Einstellung können Sie Ihr Schicksal zum Positiven wenden. Eins steht fest: Ohne Nahrung gibt es kein Leben, und wer nicht einige Kenntnisse über Ernährung besitzt, kann seine Zukunft nicht verbessern. Doch das ist noch nicht alles: Wenn Sie wenig oder nichts über Ernährung wissen, können Sie sich und Ihrer Familie sogar erheblichen Schaden zufügen.

Die Frage, die wir uns als nächstes stellen müssen, lautet: Wie lange dauert es, bis unser Körper auf die Ernährungsumstellung reagiert? Unser Blut erneuert sich täglich. Nach Alkoholgenuß beispielsweise zeigt ein pH-

Test einen erhöhten Säurespiegel im Blut. Der Körper verspürt ein gesteigertes Verlangen nach Flüssigkeit, um die Balance – oder Neutralität – des Bluts wiederherzustellen.

Finger- und Zehennägel erneuern sich alle sieben bis acht Monate komplett. Unsere Haare wachsen täglich ein winziges Stück. Und unsere Zellen werden im Zuge des Stoffwechsels permanent erneuert. In drei Jahren verändert sich die gesamte Zellstruktur des Körpers. Sie erschaffen sich selbst vollkommen neu. Nur das Gehirn braucht etwa sieben Jahre, bis ein kompletter Zellaustausch stattgefunden hat.

Um zur Eingangsfrage zurückzukommen: Durchschnittspersonen benötigen etwa drei Jahre für eine Generalüberholung ihres Körpers – und ihrer Persönlichkeit. Natürlich reicht es dabei nicht, sich einen einsamen Felsen zu suchen und drei Jahre lang zu meditieren. Der Schlüssel zur positiven Beeinflussung Ihres Schicksals liegt darin, Ihr Leben aktiv anzupacken und die richtigen, gesunden Nahrungsmittel zu konsumieren.

Sie müssen sich darüber klar sein, daß es keine Expreßlösungen, Wunderpillen oder schick verpackte Präparate gibt, die binnen kurzer Zeit die Ernährungssünden wiedergutmachen, die Sie Ihrem Körper jahrelang angetan haben. Wollen Sie positive Resultate, müssen Sie sich einen gesünderen Lebensstil angewöhnen, und dazu gehört das Ablegen schlechter Gewohnheiten genauso wie eine neue Einstellung und die Besinnung auf neue Ernährungspraktiken. Sie sollten versuchen, schlechte Gewohnheiten nach und nach durch gesündere, positive Alternativen zu ersetzen. Je mehr Ihrer alten Muster Sie durch positive Gepflogenheiten ersetzen, um so mehr profitieren Körper, Geist und Seele davon. Sie denken klarer und fühlen sich besser – berauscht von einer Befriedigung, die Ihr Wohlbefinden immens steigern wird.

Die Mitarbeiter des Kuriyama-Instituts nehmen bei Patienten mit verschiedenen Beschwerdebildern Ernährung und Lebensstil der letzten drei Jahre genau unter die Lupe, denn gesundheitsschädigende Verhaltensweisen vor drei Jahren spielen für die Beschwerden von heute eine größere Rolle als das, was der- oder diejenige gestern, vor einer Woche oder einem Monat gegessen hat. Kunst und Kultur Japans werden von alters her durch die Tendenz geprägt, komplexe Zusammenhänge auf ihre einfachste, natürlichste Form zu reduzieren. Beispiele sind die Teezeremonie und die japanischen Steingärten mit ihrer rauhen, eleganten Schönheit. Hingegen scheint die westliche Kultur die Komplexität von Lösungen zu schätzen. Mehr ist besser – diese Devise dominiert offenbar, dabei wäre in Wirklichkeit die einfachste, auf der Hand liegende Lösung die beste, wenn man nur Augen für sie hätte. Auf die Ernährung übertragen, bedeutet die fernöstliche Philosophie: Frische, naturbelassene Nahrungsmittel, allen voran Obst und Gemüse. Steigern Sie Ihr Wohlbefinden, indem Sie von nun an auf gesunde Frische setzen. Viel Spaß dabei!

Kapitel 2: Nahrungsgruppen

Helden, Weise, Menschen wie du und ich und die Mysterien der Nahrungswelt

Gemüse-Liebhaber: Gesamtpersönlichkeit

Wenn ich von Gemüse-Liebhabern spreche, meine ich nicht unbedingt Leute, die gekochtes oder gedämpftes Gemüse mögen, sondern vor allem jene, die nicht genug von rohem Gemüse bekommen können. Natürlich essen Fans von Rohgemüse dieses auch gern gekocht.

Generell ist Gemüse-Liebhabern das Glück meist hold, und ihre finanzielle Situation präsentiert sich rosig. In ihrer Jugend haben sie manche Prüfung zu bestehen, dafür sind sie als Erwachsene meist sehr erfolgreich. Sie sind zumeist intelligent und verfügen bereits in jungen Jahren über einen scharfen Verstand. Die meisten Weisen der Vergangenheit waren Vegetarier, was ihre Fähigkeit erklären mag, ihr Wissen ständig zu erweitern und schwierige Zusammenhänge auf Anhieb zu verstehen.

Was immer sie anfangen – egal ob in Beruf oder Studium –, betreiben sie mit enormem Fleiß, der später mit großem Erfolg belohnt wird.

Gemüse-Freunde werden oftmals vom Ehrgeiz getrieben, stets besser zu sein als andere, und das verleitet sie manchmal zu gefährlichen Abenteuern. Ihr übertriebener Eifer führt mitunter dazu, daß weniger begeisterungsfähige Menschen ihnen aus dem Weg gehen. In jungen Jahren manchmal mit ihrem Schicksal hadernd, genießen sie als Erwachsene ein friedliches, sorgenfreies Familienleben. Alles in allem sind ihre Tage von Freude erfüllt, auch wenn sie hin und wieder mal Pech haben. Das Gehirn des Gemüse-Liebhabers bekommt reichlich Sauerstoff und Mineralien – nur selten läßt seine Denkfähigkeit mit den Jahren nach.

Wegen des integren Familienlebens, das sie als Erwachsene führen, gelten Gemüse-Freunde oft als zu seriös, langweilig, ungerührt gegenüber den Stürmen des Lebens. »Sie haben keinen Spaß, lassen sich durch nichts aus der Ruhe bringen«, monieren Nörgler. Doch Gemüse-Liebhaber sind zufrieden mit sich und der Welt: »Das genügt mir« ist ihr Motto. Scheidungen haben Seltenheitswert. Da sie ihr heimisches Terrain ungern verlassen, sollten sie sich mit dem Ehepartner um genügend gemeinsame Unternehmungen im Familienkreis bemühen, die Spaß und Abwechslung in den Alltag bringen.

Gemüse-Liebhaber sind selten krank. Und sollte dies doch einmal der Fall sein, verfügen sie über ein so widerstandsfähiges Immunsystem, daß die Symptome nie schwerwiegend sind und sie sich schnell wieder erholen. Trotzdem Vorsicht: Gemüse-Fanatiker laufen Gefahr, ein Protein- und Fettdefizit zu entwickeln. Infolgedessen konsumieren sie zuviel Salz, weil es ihren Gaumen nach intensiven Geschmackserlebnissen gelüstet. Sie leiden deshalb häufiger unter Erkältungen, Nervosität, Migräne und Magenbeschwerden.

Leider schätzen wir das Geschenk der Gesundheit meist erst dann, wenn es uns genommen wird. Mit dem Tod vor Augen würden kranke Menschen alles geben, um am Leben zu bleiben.

Statt zu warten, bis es zu spät ist, sollten Sie die Bedeutung einer gesunden Ernährung schon heute erkennen und ihr bei jeder das Essen betreffenden Entscheidung Rechnung tragen. Nur so verstehen Sie, was »Ernährung« im besten Sinne bedeutet und was einen perfekten Speisezettel ausmacht. Bemühen Sie sich daher, Ihre Ernährungskenntnisse kontinuierlich zu verbessern!

Kinder, die viel Gemüse essen, sind in der Regel schlauer und bekommen bessere Noten als ihre Mitschüler. Sie sind heiter, gewitzt und der Liebling der Kameraden. Niemals doppelgesichtig, verhalten sie sich immer offen und geradeheraus – eine der positivsten Eigenschaften, die ein Mensch haben kann.

Das einzige Problem der Kinder, die Grünzeug mögen: Sie sehen oft mager und schwächlich aus. Keine Angst! Mit dem Älterwerden kriegen die kleinen Spargeltarzane genügend Fleisch auf die Rippen und entwickeln einen kräftigen, robusten Körper.

Ein Tip an die Mütter: Viele Kinder rümpfen beim Anblick von Gemüse die Nase – ein bekanntes Dilemma. Sie lieben, was süß schmeckt, bittere oder säuerliche Speisen sind ihnen ein Graus. Hierbei handelt es sich um eine instinktive Reaktion: Die meisten giftigen Nahrungsmittel in der Natur schmecken bitter – und die noch nicht fertig entwickelten Geschmacksnerven von Kindern empfinden das Aroma vieler Gemüse schlichtweg als bitter. Um Ihre Sprößlinge sanft an Gemüse heranzuführen, sollten Sie es kurz in einer süßen Honigmarinade dünsten. Sie werden sehen: Honigglasiertem Blumenkohl, Brokkoli etc. kann kein Dreikäsehoch widerstehen!

Obst-Liebhaber: Gesamtpersönlichkeit

Gibt es etwas Herrlicheres als ein Stück reifes, saftiges Obst? Jede Saison schenkt uns Früchte, die in den schönsten Farben des Regenbogens schillern und unsere Sinne mit ihrem unvergleichlichen Duft betören. Früchte zählen zu den größten Wundern der Welt – ihr Geschmack übertrifft alles. Nahrhaft, saftig, erfrischend und leicht zu verdauen, sind sie ein willkommenes Mitbringsel für Kranke wie Gesunde. Obst ist durch nichts zu überbieten – eine »Götterspeise« in Reinkultur!

Früchte sind als farbiges Lockmittel für Tiere entstanden, die die im Fleisch verborgenen Samen fressen, ausscheiden und auf diese Weise oft weiter verbreiten als der Wind es tut. So entsteht überall auf dem Globus neues Leben – das göttliche Gebot der Fruchtbarkeit und Reproduktion wird vollzogen.

Früchte wachsen aus der Saat der Bäume und tragen den Keim des Lebens in sich. Menschen, die gern Obst essen, führen daher fast ausnahmslos ein glückliches, friedvolles Leben. Ihr Denkernaturell wird durch den biblischen Apfel vom Baum der Weisheit verdeutlicht.

Kein anderes Nahrungsmittel besitzt einen so perfekten Nährwert wie Obst, das zu jeder Mahlzeit gegessen werden sollte. Eine Frau, die den vollmundigen Geschmack frisch gepreßter Säfte liebt, erkennt man an ihren funkelnden Augen, den rosigen Wangen und dem heiter-zufriedenen Lächeln auf ihren Lippen. Obst-Anhänger scheitern selten. Es fällt ihnen leicht, Freundschaften zu schließen, denn sie lieben die Menschen. Klar, daß Leute, die gut mit anderen auskommen, auch beruflich erfolgreich sind.

Konkurrenzdenken und »Sportsgeist« sind dem Obst-Fan eher fremd. Hin und wieder sieht er sich zwar ein Radrennen im Fernsehen an, aber er ist nicht der Typ, den man bei Pferderennen oder im Spielkasino antrifft. Auch beim Karten- oder Würfelspiel fehlt es ihm an Begabung. Nie würde er sich ein Lotterielos kaufen – Gewinnspiele betracht er als pure Geldverschwendung.

Obst-Schwärmer nehmen sich die Dinge allgemein nicht sehr zu Herzen; leichtmütig und unkompliziert, verfallen sie selten ins Grübeln. Sie sind der Faunus mit der Flöte, die lachende, feminine Nymphe. Sie sollten einen Beruf wählen, der ihrer Kreativität freien Lauf läßt. Das Leben ist für sie kein Spiel um Sieg oder Niederlage; Charaktere, die unentwegt an die Konkurrenz denken, rastlos dem nächsten Reiz, dem neuen Kick hinterherhecheln, sind ihnen fremd. Der Obst-Liebhaber frönt den simplen Freuden des Lebens – Lernen, Nachdenken, Harmonie in der Familie.

Ein Phänomen fällt auf: Obst-Anhänger nehmen oft die Eigenschaften ihrer favorisierten Frucht an. Der Apfel-Kauer ist duftig und beschwingt wie eine Apfelblüte, der Zitronen-Freak trägt die Sonne im Herzen, und der Melonen-Nager ist verspielt wie ein lauer Sommertag. Können Sie solche Parallelen in Ihrem Bekanntenkreis beobachten?

Lassen Sie uns kurz auf den Nährwert des Obstes eingehen. Für mich ist die Frucht nichts anderes als der Baum oder Strauch in komprimierter Form. Wer in eine Frucht beißt, tut sich am ganzen Baum gütlich – an den Wurzeln, der Rinde, den Zweigen und Blättern. Sämtliche Proteine, Fette und unorganische Stoffe des Baums sind in seiner Frucht konzentriert, außerdem Spurenelemente von Vitaminen, Sauerstoff, Wasser- und Kohlenstoff. Als unsere Vorfahren noch Jäger und Sammler waren, grasten sie die Wälder nach Beeren, Nüssen und wilden Gräsern ab – die wichtigsten Nahrungsmittel damals.

Obst-Genießern ist in der Regel ein langes Leben beschert. Sorglos und unbekümmert wie eine Sommerbrise ziehen sie durch die Jahre, gemäß dem alten japanischen Sprichwort: »Der zu gierige Falke reißt sich selbst die Klauen ab.« Einer ihrer Fehler mag mangelnder Ehrgeiz sein, der sie die Dinge allzu locker angehen läßt. Im Extremfall verleitet das ihre Mitmenschen, die ihnen sonst großes Vertrauen entgegenbringen, zu Argwohn und Mißtrauen, da sich kein Reim auf diese so zeituntypische Nonchalance machen läßt. Doch bei all der ausgestrahlten Sorglosigkeit darf man Denkermentalität und Einfühlsamkeit der Obst-Liebhaber nicht vergessen. Schütten Sie einmal einem Obst-Freund Ihr Herz aus, und seine verständnisvolle Art wird Sie in Staunen versetzen!

Obst-Liebhaber geben hingebungsvolle und treue Ehepartner ab. Dazu fällt mir ein weiteres japanisches Sprichwort ein, das sinngemäß empfiehlt: „Bei Familienzwistigkeiten hilft es, frische Sommerorangen zu servieren."

die Männer, die Äpfel oder Trauben mögen, sind sexuell sehr zurückhaltend, ja manche scheinen keinerlei Interesse an erotischen Dingen zu haben. Den Übereifrigen hingegen, die ihre Libido schlecht im Zaum halten können, sollte man viel saure Fruchtsäfte zu trinken geben!

Fleisch-Liebhaber: Gesamtpersönlichkeit

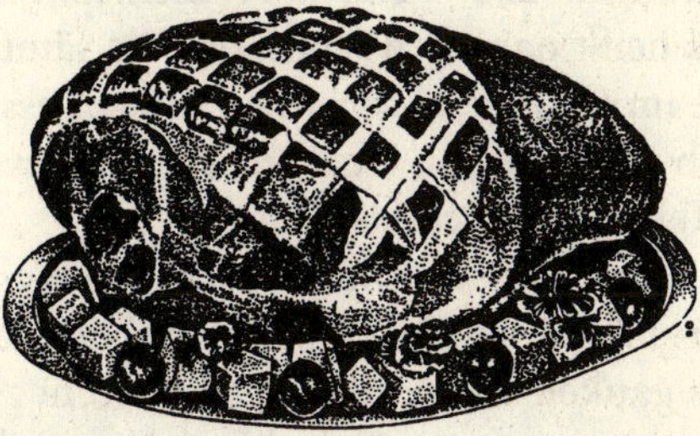

Ein alter Aberglaube besagt, daß wer viel Fleisch ißt, automatisch gut gepolstert ist. Das mag zwar nicht immer stimmen, trotzdem sollten Fleisch-Fans sich ganz besonders in acht nehmen vor Fettleibigkeit und einer breiten Palette an Krankheiten und sozialen Problemen – ganz zu schweigen vom angeknacksten Selbstvertrauen, das Dicke oft haben.

In einem seiner noch nicht übersetzten Bücher beschrieb mein Vater sehr detailliert, wie der Charakter des Fleisch-Essers bestimmte tierische Eigenschaften anzunehmen scheint. Fleischfressende Tiere sind an sich weder böse noch gefährlich, aber wenn es um Nahrung geht, benehmen sie sich – nun ja, wie Tiere eben. Wenn ein männlicher Fleisch-Esser in eine Kneipe kommt, benimmt er sich anfangs vielleicht noch gesittet, aber nach kurzer Zeit küßt und umarmt er die Bedienung und alle anderen Frauen, die ihm in die Finger geraten! Fleisch-Esser haben selten feste Partner.

Sie sind aggressiv, brausen rasch auf und lassen sich leicht hinters Licht führen. In späteren Jahren haben sie oft Ärger und Probleme. Obwohl zeitweilig erfolgreich, fehlt ihnen meist die Fähigkeit, Projekte bis zum Ende konsequent durchzuziehen.

Fleisch-Liebhaber sind oft selbstsüchtig und versessen darauf, ihren Willen durchzusetzen – ein Verhalten, das Ausschweifungen und sozialen Problemen Tür und Tor öffnet. Das heißt natürlich nicht, daß sie sämtliche Speisen, die sie im Grunde abscheulich finden, essen sollten. Nur sich ab und zu einen Ruck geben und etwas anderes auf ihren Teller zu lassen als Fleisch.

Weil es ihnen an Weitblick fehlt, scheitern Fleisch-Schwärmer häufig in ihren sozialen Beziehungen. Ihr Narzißmus gaukelt ihnen vor, stets im Recht zu sein, auf andere wirken sie oft stark und vertrauensselig – allerdings nur am Anfang. Sie locken mit einer Schulter zum Anlehnen, und plötzlich steht man allein im Regen. Schönwetterfreunden ist nicht zu trauen!

Ihre Ehe oder Langzeitbeziehung gleicht einer Berg-und-Tal-Fahrt – rauf und runter, rauf und runter, nie einfach und nie angenehm. Sowohl Mann als auch Frau finden ständig Fehler, die sie kritisieren. Das führt manchmal zu unerwarteten Scheidungen. Nach außen ganz der moralisch aufrechte Bürger, wartet oft irgendwo eine heimliche Liebschaft auf den Fleisch-Freak.

Wenn Fleisch-Esser Geschmack an Alkohol finden, ist das der Anfang vom Ende: Sie mutieren zu reißenden Wölfen. Unter Alkoholeinfluß verhalten sie sich rüpelhaft, aggressiv und schrecken auch vor Schlägereien nicht zurück. Mit anderen Worten: Sie verhalten sich wie die Tiere, deren Fleisch sie verzehren und deren Eigenschaften sie angenommen haben.

Fleisch-Freunde werden häufig krank. Ihnen macht besonders der Darmtrakt zu schaffen, aber sie fallen auch oft schweren Krankheiten wie Herzinfarkten, Lebererkrankungen, Krebs oder Hirnblutungen zum Opfer. Nach dem 40. Lebensjahr müssen sie streng auf ihre Linie achten. Jedes Kilo Übergewicht verkürzt ihre Lebenserwartung.

Fleisch-Liebhaber haben etwas von einem einsamen Wolf. Kaum mit der Schule oder Universität fertig, lassen sie sich bei den Eltern kaum noch blicken – nur wenn sie Geld brauchen. Mit familiärer Loyalität haben sie nicht viel im Sinn. Übrigens sind sie auch in der Schule keine große Leuchte – am wenigsten in Mathematik. Sobald ihnen ein Test vorgelegt wird, reagieren sie nervös und haben auf der Stelle den gesamten Lernstoff vergessen. Eltern, die ihren Kindern eintrichtern, viel Fleisch zu essen, um schnell groß und stark zu werden, sollten aufpassen: Oft züchten sie damit kleine Monster heran.

Fisch-Liebhaber: Gesamtpersönlichkeit

Wenn ich von Fisch-Liebhabern rede, meine ich nicht jene, die nur rohen Fisch an der Sushi-Bar mögen. Vielmehr denke ich an Leute, die zwei bis drei Portionen gegrillten oder gedämpften Fisch in einem Gang vertilgen und immer noch nach mehr gelüsten. Hat beispielsweise Lachs Saison, essen sie solche Unmengen davon, daß ihnen fast der Bauch platzt.

Beruflich kommen sie dann gut zurecht, wenn sie ein Geschäft von den Eltern übernehmen. Auf sich allein gestellt, kostet es sie große Anstrengung, die Neigung, mit dem Strom zu schwimmen, zu unterdrücken. Fisch-Freunde fallen ungern auf, nicht weil sie schüchtern wären, sondern wegen ihrer vorsichtigen Intelligenz. Sie bevorzugen es, abzuwarten und zu analysieren, was die anderen tun, bevor sie eine Entscheidung treffen.

Die Liebhaber der Flossentiere sind nicht laut und ausgelassen – sie geben sich ruhig und nachdenklich. Obwohl selten im Rampenlicht, werden Fisch-Goutierer wegen ihrer nüchternen Überlegtheit und unverbrüchlichen Treue auch in schlechten Zeiten geschätzt – sie sind keine Schönwetterfreunde. Als aufmerksame Zuhörer tun sie ihre Meinung nur nach Aufforderung – und sorgfältiger Erwägung – kund. Sie arbeiten fleißig und gewissenhaft, und auch wenn sie bei den Kollegen nicht sonderlich beliebt sein mögen, haben sie bei ihrem Vorgesetzten doch immer einen Stein im Brett.

In Ehe und Partnerschaft sind Fisch-Liebhaber treue, verläßliche und konstante Partner. Leider sagen sie selten offen, was sie an anderen stört. Sie fressen ihren Ärger so lange in sich hinein, bis er sich irgendwann in einem massiven Wutausbruch entlädt. Nach einer solchen Explosion entwickeln sie sehr schnell Reue und vergessen später selten die Fehler, die sie gemacht haben. Ihre Kinder lieben Fisch-Freunde von ganzem Herzen: Bei Theateraufführungen oder Fußballspielen sieht man sie oft stolz und gespannt in der ersten Reihe sitzen.

Kinder, die für Fisch schwärmen, sind in der Regel pflegeleicht. Sie machen stets ihre Hausaufgaben und träumen davon, die Universität zu besuchen oder in die Fußstapfen der Eltern zu treten. Sie geraten selten in Schwierigkeiten und sind der Augapfel ihrer Eltern. Auf dem Spielplatz sind sie nicht immer populär, dafür gehören sie zu den Klassenbesten und haben nur wenige Eigenschaften, die sie bei ihren Schulkameraden unbeliebt machen könnten.

Fisch-Fanatiker haben eine glänzende Zukunft vor sich, sie besitzen Durchhaltevermögen und verlieren selten die Lust an Arbeit oder Studium. Handwerklich geschickt sind sie weniger. Häufig werden sie Ärzte oder Wissenschaftler.

Liebhaber scharfer Speisen: Gesamtpersönlichkeit

Weil sie würzige, salzige Speisen bevorzugen, sind diese Charaktere in allem, was sie tun, rastlos und ungestüm – sie kommen nie zur Ruhe, stehen immer unter Strom. Die aufregende Rhythmik lateinamerikanischer Musik und ein energischer Hip-hop-Beat liegen ihrem Wesen weit mehr als ein langsamer Walzer.

Das sind jene Kinder, die im Unterricht Löcher in die Luft starren und sich nicht auf den Lehrer konzentrieren können. Sie machen ständig Unfug, spitzen ihre Bleistifte, knicken Eselsohren in ihr Heft, ärgern den Nachbarn. Wie die Erwachsenen verfügen Kinder, die nach scharfen Speisen lechzen, über ein schwer zähmbares Temperament. Sie sind diejenigen, die sich beim Einkaufen auf den Boden werfen, weinen und wild um sich schlagen. Was ihre Eltern sagen, ist ihnen egal, und auch wenn sie wissen, daß ihr Verhalten falsch ist, machen sie doch keine Anstalten, es zu ändern. Sie sind oft selbstsüchtig, wollen ihren Dickschädel durchsetzen.

Als Erwachsene verhalten sie sich nicht anders. Im Büro spazieren sie von einem Schreibtisch zum nächsten und lenken die Kollegen mit ihrem Geplapper von der Arbeit ab. Von anderen als flatterhaft und leichtfertig eingeschätzt, halten sie selbst sich für Tatmenschen und Dynamiker.

Von scharfem Essen Begeisterte klagen ständig: »Keine Zeit, ich bin furchtbar in Eile!« Doch das ist nur eine Pose – sie kommen einfach nicht zur Ruhe, und deshalb stürzen sie sich in immer neue Aufgaben. Sie geben ihren Senf zu allen Gesprächen, aber niemand nimmt ihre Vorschläge richtig ernst.

Das sind die Leute, die in Bus oder Kneipe lauthals über den Chef herziehen. Im Restaurant ordern sie mehrere Gänge und schlingen alles mit rasender Geschwindigkeit in sich hinein. Wenn sie abends nach Hause kommen, blättern sie ein paar Minuten in der Zeitung, schalten dann den Fernseher ein und zappen von einer Sportsendung zur nächsten. Sie können unmöglich schlafen, ohne vorher geduscht zu haben.

Scharf-Esser haben ein hitziges Temperament, sie geraten oft in Schlägereien. Möglicherweise werden sie ihren Ehepartnern gegenüber handgreiflich, was sie später zutiefst bereuen. Sie sind schnell erregbar und beschimpfen oft ihre Kinder.

Im Berufsleben verhalten sie sich unstet; wird die Situation schwierig, sind sie die ersten, die nach einem anderen Job Ausschau halten. Sie sind selten erfolgreich, oft plagen sie Reue und Selbstzweifel. Ihr ganzes Leben scheitern sie und rappeln sich wieder auf – am Ende steht oft der Ruin auf ganzer Linie. Eigeninitiative ist nicht ihre Stärke – sie sollten am Fließband, in einem kleinen Laden oder zu Hause arbeiten, wo sie nicht zuviel mit anderen Leuten zu tun haben. Auch Berufe, die intensive Konzentration verlangen, sind ungeeignet – ebenso wie Hobbys, bei denen sie lange stillsitzen müssen.

Wenn ihr Salzkonsum überhandnimmt, verrohen diese Typen um so mehr. Ein Beispiel ist der Berufsstand der

Fischer, in dem man sehr viele Prahlhanse und Großmäuler antrifft – zumindest in Japan. Im alten Tokio, das damals Edo hieß, lautete ein bekanntes Sprichwort: »Brände und Kämpfe sind Blumen in Edo.« Die Ernährung damals basierte auf Fisch und anderen salzhaltigen Nahrungsmitteln. Heute gelten die japanischen Fischer als »echte Kerle« – und dazu gehört wohl auch, daß ihnen schnell die Sicherungen durchbrennen.

Sogar Bergdorfbewohner, die zuviel Salz und eingelegtes Gemüse essen, neigen zu lärmender Schwatzhaftigkeit. Nirgends in Japan ist der Salzkonsum geringer als in Kyoto, der früheren Hauptstadt. Deshalb florieren hier Kultur, Bildung und Feinsinn. Primitive Haudegen gibt es kaum.

Die Freunde scharfer, würziger Speisen haben meist nur ein kurzes Leben. Menschen sind Tiere – und an der Meeresküste, wo es viel Salz gibt, leben nicht viele Tiere. Sie ziehen sich lieber in Rudeln aufs Flachland zurück.

Liebhaber öliger Speisen: Gesamtpersönlichkeit

Liebhaber öliger Speisen könnten täglich gebratenes Geflügel oder Schweinefleisch essen. Kurzzeitig ist das Glück ihnen hold, weil sie mit der Sonne aufstehen und flink auf den Füßen sind. Doch auf lange Sicht gleicht ihr Leben einer Achterbahn. Sie lassen sich leicht zum Narren halten und setzen in Glücksspielen ihr gesamtes Habe aufs Spiel. Scharlatanen und Betrügern gehen sie schnell auf den Leim, grundsätzlich setzen sie gern ihren Willen durch. Sie sind keine großen Denker – ihre Devise lautet: »Ich will, will, will!«

Im Beruf sind sie Einzelkämpfer, die Zusammenarbeit im Team klappt selten. Sie verlassen sich nur auf sich selbst – nie auf andere. Häufig leiten sie kleine oder mittelständische Firmen. An wichtigen Besprechungen lassen sie nur Ja-Sager teilnehmen und beschweren sich hinterher, niemals eine ehrliche Meinung zu hören. Wenn keiner sie bremst, passiert es, daß sie Firmengelder in zum Scheitern verurteilte Projekte investieren. Sie verlieben sich schnell, nicht zuletzt weil es ihnen an Menschenkenntnis mangelt.

Wehe, diese selbstverliebten, zum Jähzorn neigenden Zeitgenossen haben schlechte Laune! Dann explodieren sie beim geringsten Anlaß und machen ihren Mitmenschen die Hölle heiß. Im Grunde führen sie ein trauriges, frustriertes Dasein, auch wenn sie selbst meinen, ihr Leben sei strahlend und voller Highlights.

Bei guter Laune prahlen die Liebhaber öliger Speisen gern mit rühmlichen Glanztaten, bis die Zuhörer ihre Geschichten nicht mehr hören können. Auf den ersten Blick freigebig und offenherzig, hegen sie oft einen geheimen Groll gegen denjenigen, dem sie gerade kumpelhaft auf die Schulter geklopft haben.

Sich in jemanden zu verlieben, dem Öliges das Wasser im Munde zusammenlaufen läßt, fällt schwer. Schonungslos offen sagen diese Menschen frei heraus, was ihnen gerade einfällt – egal, ob sie damit die Gefühle anderer verletzen. Es scheint, als würden sie ständig Warnungen herausbellen. Obwohl das Verhältnis nach außen harmonisch aussieht, genießen sie nie das volle Vertrauen ihrer Vorgesetzten.

Als knallharter Realist und Materialist ist der Öl-Freak nicht fähig, einer logischen Argumentation zu folgen. Er reagiert immer emotional und launisch.

Liebhaber öliger Speisen flirten gern und geschickt. Dem Charme, den sie dabei entfalten, kann sich das Objekt ihrer Begierde nur schwer entziehen. Gibt man ihnen eine Aufgabe, erledigen sie diese prompt und zuverlässig. Aber: In Herzensdingen sollten Sie diesen Casanovas und Sirenen unbedingt aus dem Weg gehen! Sie kennen keine Treue, suchen ständig nach neuen Affären und Bettgeschichten. Dabei brennen sie rasch aus, was sie freilich nie zugeben würden. Sie sind unablässig am Baggern: Wenn sie ausgehen, legen sie ihren Ehering ab und behaupten, Single zu sein, oder beklagen sich bitterlich über die böse, böse Ehefrau, die ihnen das Leben unerträglich macht.

Von öltriefenden Speisen Begeisterte gehen großzügig mit Geld um. Aber wenn Sie meinen, das zu Ihren Gunsten ausnutzen zu können, sind Sie schief gewickelt. Geld und Liebe passen nicht zusammen. Wer einen Öl-Fanatiker heiratet, muß damit rechnen, daß die Ehe nicht lange hält. Wenn das Geld ausgeht, ist es meist auch mit der Liebe schnell vorbei.

Der menschliche Körper braucht keine tierischen Fette. Leicht verdauliche pflanzliche Öle erfüllen den gleichen Zweck und besitzen bessere Absorptionseigenschaften. Tierische Fette dagegen sind schwer verdaulich und werden meist im Unterhautfettgewebe eingelagert. Sie treiben den Cholesterinspiegel in die Höhe und führen zu Kalkablagerungen an den Gefäßwänden. Häufige Folgen sind frühzeitiges Altern, Bluthochdruck, Kopfschmerzen und Nervosität. Bei hohem Fettkonsum steigt auch der Säuregehalt des Blutes, wodurch ein breites Spektrum an Krankheiten begünstigt wird. Wer zuviel Fettiges ißt, wird oft Opfer schwerer Erkrankungen an Leber, Nieren oder Herz. Die Entstehung von Krebstumoren wird ebenfalls durch eine fettreiche Ernährung gefördert.

Eltern, die sich nach Fettigem die Finger lecken, geben ihr schlechtes Ernährungsbeispiel an ihre Kinder weiter. Beinahe zwangsläufige Konsequenz: Die Kinder entwickeln schon sehr früh Übergewicht und müssen im späteren Leben mit allen möglichen Beschwerden und Problemen rechnen.

Kapitel 3: Ernährungstypen

Nachfolgend werden einige der japanischen Geschichte und westlichen Literatur entnommene Figuren beschrieben, deren Schicksal unmittelbar an die Art ihrer Ernährung geknüpft war. Ich hoffe, Sie finden ihre Beispiele interessant und aufschlußreich.

Der Oda Nobunaga-Ernährungstyp: »Wenn der Kuckuck nicht singt, töte ihn!«

Oda Nobunaga war ein berühmter japanischer Feldherr des 16. Jahrhunderts. Er ist ein klassisches Beispiel für einen rücksichtslosen, egoistischen Charakter, der mit seiner Meinung nicht hinter dem Berg hielt.

Man könnte behaupten, Nobunaga wurde mit einem silbernen Löffel im Mund geboren: Der Tisch im Schloß seines Stiefvaters war immer reich gedeckt. Das verwöhnte Kind gewöhnte sich daran, stets seinen Willen zu bekommen.

Schon in jungen Jahren bereitete man ihn auf seine Rolle als Krieger vor. Es machte ihm Spaß, im Gebirge nach Wild und Vögeln zu jagen und seine Beute anschließend zu verspeisen. In jener Zeit wurde Japan von Bürgerkriegen heimgesucht, und es war die Pflicht junger Männer, Kampfsportarten zu erlernen. Seine starke Persönlichkeit brachte Nobunaga Respekt ein, und er bekleidete immer höhere militärische Ränge.

In dieser Ära der Kriege und Unruhen wurden friedlich gesonnene Bürger oft mit Mißtrauen beäugt und in abgelegene Landesteile verbannt. Hingegen zollte man den tapferen Kämpfern Bewunderung und Anerkennung.

Seit jener Zeit erzählt man sich viele Geschichten über den heldenhaften, aber selbstsüchtigen Nobunaga. Wenn er sich unter Druck gesetzt fühlte, verlor er jede Beherrschung und ließ sich zu bestialischen Meuchelzügen hinreißen, in denen er unzählige Feinde tötete. Viele Leute meinen, jeder Mensch werde mit einer bestimmten Persönlichkeit geboren, aber Sie als Leser dieses Buches wissen, daß Charakter und Verhalten wesentlich von der Ernährung geprägt sind und daher auch durch eine Nahrungsumstellung manipuliert werden können.

Wer regelmäßig Fleisch den Vorzug vor Gemüse gibt, fällt durch permanente Unzufriedenheit und Rastlosigkeit auf. Erinnern wir uns: Das sind die Leute, die sich brummend über den Chef und die Kollegen beklagen. Ständig bemüht, ihre Leistungen und ihren Fleiß herauszustreichen, nehmen sie als erste Reißaus, wenn ihnen der Job über den Kopf zu wachsen droht. Sie drücken sich um die Verantwortung und stoßen anderen ohne Wimpernzucken den Dolch in den Rücken.

Wenn sie ein eigenes Unternehmen gründen, laufen die Dinge anfangs blendend. Sie sprudeln vor innovativen Ideen und verstehen es, damit zu beeindrucken. Nobunaga setzte als erster Feldherr die im 16. Jahrhundert nach Japan importierten westlichen Waffen ein. Im heutigen Elektronikzeitalter kaufen Fleisch-Esser die neuesten Computermodelle, scheitern aber, wenn es darum geht, die richtigen Programme zu installieren oder sich genügend Zeit zum gründlichen Erlernen zu nehmen, so daß der Computer früher oder später als Staubfänger in einer Ecke landet.

Fleisch-Liebhaber sind redegewandt und von kräftiger Statur, so daß sie andere leicht täuschen. Bei längerer Beobachtung fällt jedoch auf, daß ihrer Persönlichkeit etwas fehlt – einige wesentliche menschliche Emotionen. Immer stehen ihre Wünsche im Vordergrund, nie beherzigen sie die Meinung anderer.

Dem äußeren Anschein nach geben Fleisch-Esser gute Ehepartner ab – sie machen Komplimente und leisten Hilfestellung im Alltag. Aber sie sind auch diejenigen, die heimliche Geliebte und Bankkonten unterhalten. Nobunaga hatte zahllose Geliebte, er war ein Blender, der keine Frau jemals wirklich liebte. Eine feste Partnerin fand er nie.

Menschen mit Nobunaga-Persönlichkeit gelten als mutig und wecken Vertrauen. Doch in vielen Fällen sind Mut und Freigiebigkeit nur fauler Zauber. Unmöglich zu sagen, was ein Nobunaga als nächstes im Schilde führt. Deshalb sollten Sie solchen Typen nicht Ihr Herz ausschütten, sondern mit Distanz begegnen, sonst wird deren Oberflächlichkeit Sie früher oder später aus der Fassung bringen.

Wenn Sie mit einem Ihrer Vorgesetzten ins Restaurant gehen, und er bestellt hauptsächlich Fleisch oder ölige Speisen, heißt es, auf der Hut sein: Sie wissen nie, wann er Ihnen in den Rücken fällt. Gerade in gehobenen Positionen denken diese Leute fast ausschließlich an sich selbst, ohne jemals eigene positive Anregungen oder kreative Ideen zu haben. Am besten gehen Sie ihnen so weit wie möglich aus dem Weg.

Der Toyotomi Hideyoshi-Ernährungstyp: »Wenn der Kuckuck nicht singt, dann zwing' ihn dazu!«

Toyotomi Hideyoshi ist eine weitere berühmte Figur der japanischen Geschichte. Der Sohn armer Bauern wurde am Neujahrstag 1536 in einer ländlichen Gegend geboren und verlor seinen Vater bereits mit acht Jahren. Sein Stiefvater war so arm, daß er fast immer unterwegs war, um Geld für die Familie aufzutreiben.

Klar, daß Hideyoshi in diesen dürftigen Verhältnissen sehr selten Fisch oder Fleisch zu essen bekam. Seine Hauptnahrung, so wird angenommen, bestand aus Haferschleim mit Kastanien. Zu Brei verkochtes Getreide ist in Zeiten der Nahrungsmittelknappheit und des Hungers traditionell beliebt, weil es nach einer Weile im Magen aufquillt und sehr sättigend wirkt.

Werden Nahrungsmittel – egal ob Reis oder Gemüse – zu lange gegart, gehen wertvolle Nährstoffe verloren. Außerdem ist es für den Körper schwieriger, gekochtes

Wasser zu absorbieren als frisches – die gekochte Flüssigkeit läuft wie durch ein Sieb. Hideyoshi, der viele gekochte Nahrungsmittel essen mußte, litt deshalb unter einem aufgedunsenen, schwachen Magen.

Weil Gemüse in seiner Ernährung die Hauptrolle spielte, reifte Hideyoshi zu einem sehr weisen Mann heran. Aber sein schwacher Magen zog den Stoffwechsel in Mitleidenschaft, so daß er frühzeitig alterte. Seine angeschlagene Physis beeinflußte auch seine Persönlichkeit. Er war nicht in der Lage, jemandem voll zu vertrauen, und obwohl er äußerst begabte Gefolgsleute um sich hatte, konnte er aus diesem Grund ihr Potential nie richtig nutzen. Seinen Adoptivsohn zwang er sogar, mit 28 Jahren Selbstmord zu begehen, als er erfuhr, daß dieser möglicherweise in eine Verschwörung verwickelt war.

Es hatte etwas Abnormales, wie sehr er sich zu seinem Adoptivsohn hingezogen fühlte. Hideyoshi war kein lauterer Charakter. Seine Geliebten brachte er in den Klosterbereich, in dem Frauen normalerweise keinen Zutritt hatten; heimlich schmuggelte er Hühnerfleisch in die vegetarischen Gerichte der Mönche; seine Gefolgsleute traktierte er wegen kleinster Vergehen mit dem Schwert, auf Unschuldige ging er mit dem Messer los und feuerte von seinem Burgverlies aus auf harmlose Vorbeifahrende.

Sein Sohn liebte es, mit seinen Freunden auf Jagdexkursionen in die Berge zu ziehen. Während sie ums Lagerfeuer saßen und schmatzend die frische Beute verspeisten, faßten sie den Entschluß, Hideyoshi, damals Japans unangefochtener militärischer Führer, zu stürzen. Der Verzehr von Fleisch und fettem Fisch kann, wie wir wissen, Hemmschwellen abbauen und zu Greueltaten ermuntern, so daß man plötzlich vor keiner Grausamkeit mehr zurückschreckt. Das Blut des Sohns wurde sauer, und hätte man ihn nicht zum Selbstmord gezwungen, wäre er wohl ohnehin nicht alt geworden.

Und die japanische Geschichte wäre gewiß anders verlaufen, hätte sich sein Vater Hideyoshi streng vegetarisch ausschließlich von frischem Gemüse ernährt, dafür Gebratenes und heißen Tee gemieden. Die Idee einer Expedition zum Festland – die er später auch realisierte – ist seiner halbvegetarischen Ernährung zuzuschreiben, die ihm wenigstens die Gabe verlieh, wagemutige Unternehmungen grob zu planen und ansatzweise durchzuführen.

Unglücklicherweise gewöhnte sich Hideyoshi an, zu heißen Tee – noch dazu in rauhen Mengen – zu trinken, was seinem Magen noch mehr schadete und schließlich zu seinem Tod führte. Natürliches Wasser und die darin enthaltenen Nährstoffe kann der Körper gut absorbieren, während kochendes/heißes Wasser, wie es zur Zubereitung von Tee oder Kaffee verwendet wird, zusammen mit den zerstörten Nährstoffen schnell aus dem Körper ausgeschieden wird.

Für eine gesunde, magenfreundliche Zubereitung von Tee oder Kaffee genügt es, kochendes mit reinem Wasser aufzugießen, die Hitzezufuhr zu verringern und so lange zu rühren, bis feine Blasen entstehen. Auf diese Weise zubereitet, die Hideyoshi offenbar nicht bekannt war, werden Tee und Kaffee vom Körper genauso gut absorbiert wie reines Wasser. Probieren Sie diese Methode aus, wenn Sie das nächste Mal ein Heißgetränk zubereiten.

Damit hätten wir das Profil des Hideyoshi-Typus: Jemand, der den Nutzen einer gemüse- und körnerreichen Kost durch exzessiven Genuß von Koffein und anderen magenschädigenden Stimulantien zunichte macht. Diese Persönlichkeiten mögen vorübergehend Erfolg haben, doch sie sind eingefleischte Einzelkämpfer, unfähig zur

Kooperation. Wer viel Gemüse ißt, *ohne* sich parallel dazu mit ungesunden Ernährungsmustern zu schaden, wird mit positiven sozialen Kontakten, einem glücklichen Familienleben und beruflichem Erfolg belohnt.

Intelligenz ist dazu da, eingesetzt zu werden. Hideyoshis inkonsequente Ernährung raubte ihm die Fähigkeit, detaillierte Pläne zu fassen und diese bis zum Schluß durchzuziehen. Die schwächliche Konstitution trübte seinen Weitblick. Seine Asien-Expedition scheiterte, weil er seinen an sich gesunden Vegetarismus durch Ernährungssünden und negative Trinkgewohnheiten kompromittierte. An seinem Beispiel erkennen wir, wie wichtig die richtige Kombination von fester und flüssiger Nahrung ist.

Gerade unbeherrschte Charaktere entwickeln in Notsituationen oft übermenschliche Kräfte. Hideyoshi schaffte es, in drei Tagen ein Schloß aus dem Boden zu stampfen. Menschen wie er vollbringen atemberaubende Dinge in kürzester Zeit. Ihr Leben gleicht einem Strohfeuer, das nach einer kurzen Phase des Ruhms verlischt. Es ist, als würden sie Hals über Kopf auf ihr Grab zustürmen.

Im sozialen Rahmen tritt die Hideyoshi-Persönlichkeit gescheit und interessant auf, weckt Vertrauen. Aber wirklich enge Freunde findet sie selten, wegen ihrer vielen Ecken und Kanten. Nichts ist trauriger, als jemandem vertrauen zu wollen, ohne es zu können, oder eine gutgemeinte Warnung oder Empfehlung zu äußern und dabei genau zu wissen, daß sie auf taube Ohren trifft. Zwei Menschen, die es nicht schaffen, ihre gegenseitige Skepsis abzulegen, distanzieren sich voneinander und gehen früher oder später getrennte Wege.

Hideyoshi-Charaktere, die Führungspositionen bekleiden, haben für ihre Untergebenen bloß Spott und

Verachtung übrig und sind nur am eigenen Profit interessiert. Eine Weile mag sich dieser Führungsstil positiv auf die Leistung der Mitarbeiter auswirken, aber niemals dauerhaft. Sie besitzen wenig Menschenkenntnis. Manchmal verführen ihre Gerissenheit und Profitgier sie zu zweifelhaften Geschäften, die sie hinterher bereuen.

Hideyoshi-Persönlichkeiten singen gern ihr eigenes Loblied, damit andere sich ihrer Führung anvertrauen, was allerdings nur die treuesten der treuen Anhänger tatsächlich tun. Sie laden zum Fischessen ein und lassen dann Lamm- und Wildgerichte für hartgesottene Fleisch-Kulinariker auffahren – nur um die Reaktionen zu beobachten. Diesen Herrschertypen zu folgen bedeutet zumeist, sich ihren Kapriolen und Unberechenbarkeiten hilflos auszuliefern. Besitzen sie indes die Kompetenz und Führungsqualität des wahren und einzigen Hideyoshi, haben sie es nicht nötig, für sich zu werben – die Anhänger folgen ihnen freiwillig in Scharen.

Der Tokugawa Ieyasu-Ernährungstyp: »Wenn der Kuckuck nicht singt, dann warte, bis er es tut.«

Der dritte Militärdiktator Japans war Tokugawa Ieyasu. Er zog 1603 mit seiner Regierung nach Edo – das heutige Tokio – und gründete eine Dynastie, die 265 Jahre überdauerte. Obwohl seine Persönlichkeit weniger schillernd war als die Hideyoshis oder Nobunagas, wurde die japanische Geschichte durch ihn stärker beeinflußt.

Als Kind wuchs Ieyasu in noch behüteteren Verhältnissen auf als Nobunaga. Seine Ernährung war ausgewogen und frei von Exzessen. Das und seine gute Schulbildung machten ihn zu einem besonnenen, vernünftigen Denker, dessen scharfes Auge sofort zum Kern einer Problematik vordrang. Auch unter Druck und in schwierigen Situationen beging er niemals Fehler. Die Adligen und andere Risikofaktoren für sein Regime hielt er souverän in Schach, und er hörte auf die klugen Ratgeber, die er um sich scharte.

Menschen ohne starke Vorlieben oder Abneigungen haben meistens Erfolg, weil sie schnell begreifen und neutral urteilen. Sie wägen sorgfältig ab, bevor sie handeln, und sind immer auf den Ernstfall vorbereitet. Ihre Fairneß bringt ihnen den Respekt anderer ein.

Für Personen mit starken Sympathien und Antipathien gibt es hingegen nur die Extreme: kometenhafter Aufstieg oder katastrophaler Untergang. Wie es heißt, aß Ieyasu viele Krustentiere: Garnelen, Langusten, Krebse etc. ... Schalentiere waren ein beliebtes Nahrungsmittel im Japan des 17. Jahrhunderts – noch heute findet man im ganzen Land Schalenberge, die von Experten auf diese Periode zurückdatiert werden. Dem Kalzium- und Mineralstoffreichtum der Krustentiere verdankte Ieyasu sein großes Denkvermögen und seinen visionären Weitblick.

Menschen, die alles essen können, haben schnell arbeitende Gehirnzellen. Trotzdem sollten wir unsere persönliche Erfahrung und unsere Urteilskraft nutzen und einsehen, daß es besser ist, *nicht alles zu essen*. Sonst sitzen wir leicht dem Irrglauben auf, zu meinen, Fleisch,

Salziges oder Fettiges sei vom Nährwert her frischem Obst oder Gemüse gleichzusetzen.

Ieyasus Ära wurde von buddhistischen Prinzipien geprägt. Tiere für Nahrungszwecke zu töten war damals unüblich. Im heutigen Indien ist der Verzehr von Rindfleisch für viele religiöse Gruppen noch immer tabu – und offenbar kommen sie ganz gut ohne aus.

Viele berühmte Männer der Geschichte – Buddha, Jesus, Sokrates, Newton, Edison, Gandhi und andere – ernährten sich streng oder doch überwiegend vegetarisch. Ieyasu hatte das Glück, in einer Zeit zu leben, in der Fleisch und Fisch nicht die Eckpfeiler der Ernährung waren – das Geheimnis für seinen Erfolg und sein langes Leben.

Angestellte, die Obst und Gemüse lieben, arbeiten fleißig und gewissenhaft. Sie lernen schnell, tragen zum Gesamterfolg des Unternehmens bei und sollten daher für jeden Arbeitgeber die erste Wahl sein. Eine Standardfrage für Vorstellungsgespräche, die Unternehmenschefs und Personalleiter meiner Ansicht nach in ihr Repertoire aufnehmen sollten, lautet: »Was haben Sie heute morgen gefrühstückt?«

Ieyasu trank wesentlich weniger Tee als Hideyoshi. Teetrinken hat sich im modernen Japan zu einem Aspekt der Geschlechterproblematik entwickelt, denn von den »Damen des Büros« wird erwartet, daß sie ihren männlichen Kollegen Tee eingießen. Wie konservativ! Will in westlichen Firmen jemand eine Tasse Tee oder Kaffee, schenkt er sie sich ohne viel Aufhebens selbst ein!

Vielleicht hacke ich zu sehr auf diesem Punkt herum, aber meiner Meinung nach mangelt es denjenigen, die eine Tasse Tee nach der anderen schlürfen, entschieden an Intelligenz. Älteren Menschen, die dies tun, ist, fürchte ich, kein langes Leben beschieden. Ieyasu-Persönlichkeiten, die ihren Heißgetränkekonsum freiwillig beschränken, steigen in allen Bereichen an die Spitze auf. Der momentane »Ieyasu-Boom« in der Managementszene Japans ist also alles andere als überraschend.

Von den drei diskutierten Militärdiktatoren besaß Ieyasu die beste körperliche Konstitution, weil er sich in erster Linie von Gemüse und Krustentieren ernährte. Da er nur selten Sport trieb, kann es allerdings sein, daß er zu Übergewicht neigte. Sieht man sich im Tierreich um, stellt man fest, daß Pflanzenfresser oft massiger und fetter sind als Fleischfresser – denken Sie an einen Elefanten im Vergleich zu einem Wolf!

Ieyasu war auch sexuell aktiver als seine beiden Vorgänger. Seine ausgewogene Mischkost verlieh ihm eine unbändige Energie. Hideyoshi mit seinem kränkelnden Magen hatte nur ein Kind. Nobunaga hatte drei, das älteste starb zusammen mit seinem Vater im Honno-Tempel, der Jüngste wurde getötet, als er gegen Ieyasu rebellierte. Nur das mittlere Kind war clever genug, seinen Kopf zu retten, indem es sich Ieyasus Sippe, der Tokugawa-Familie, anschloß. In späteren Jahren büßte Nobunaga seine sexuelle Kraft ein. Impulsiv wie er war, verplemperte er seine Energie auf allerlei Unbedeutendes. Er blickte niemals über den Tellerrand hinaus, suchte stets nach neuen, kurzlebigen Reizen. Ganz anders Ieyasu: Er war seiner Zeit um Jahrzehnte voraus.

Der buddhistische Geist seiner Zeit beeinflußte Ieyasus Ernährung in einem weiteren Aspekt: Er trank Tee vor seinen Mahlzeiten, wie bei den Buddhisten üblich. Damals wurde bei der Nahrungszubereitung kein Öl verwendet. Tee und Öl vertragen sich nämlich nicht. Wer etwas anderes behauptet, lügt.

Das änderte sich in der Tokugawa-Zeit (1603–1867), als die Rolle des Öls in der japanischen Ernährung wuchs. Der dritte Herrscher nach Ieyasu war für seine

Emotionalität berüchtigt, die größtenteils durch die veränderte Ernährung verursacht wurde.

Ieyasu-Persönlichkeiten sind ideale Freunde. Vegetarier haben einen starken Magen und würden nie jemandem Leid zufügen, der ihnen sein Vertrauen geschenkt hat. Sogar wenn sie hintergangen werden, sind sie tolerant genug, zu vergeben und zu vergessen.

Falls Sie ein Unternehmen gründen wollen und einen Partner suchen, sollten Sie Gemüse- und/oder Obst-Liebhaber favorisieren, weil Sie so Ihre Erfolgschancen potenzieren. Diese sorgfältigen Planer übersehen nicht das winzigste Detail – ohne sich in Nichtigkeiten zu verlieren – und blicken mit Weitblick in die Zukunft.

Fleisch wurde in Japan erst nach der Öffnung des Landes im Jahre 1867 populär. Bis dahin war das Land per Regierungsdekret von der Außenwelt abgeschnitten. Japans Öffnung bildete den Auftakt zu einer Periode verschärfter Konkurrenz und Selbstsucht, in der das Gesetz des Stärkeren regierte.

In den letzten Dekaden des 19. Jahrhunderts begann sich die Wissenschaft immer stärker durchzusetzen. Mit ihr hielt eine Menge abstruser Ideen Einzug – die westliche Lehre der Bakteriologie etwa kreierte den Wahn, alles desinfizieren zu müssen. Aus Angst vor Keimen wurden sämtliche Nahrungsmittel – sogar Obst – gekocht, um Schädlinge abzutöten. Die Folge: eine massive Schwächung des Immunsystems der Bürger und ein rasanter Anstieg an Magen- und Darmerkrankungen. Auch die Tuberkulose forderte in dieser Zeit zahlreiche Opfer. Ein bekannter Liedtext zeichnete ein düsteres Szenario: »Wir leben, bis wir 50 sind, und verbringen die nächsten 20 Jahre ans Bett gefesselt.«

Heute präsentiert sich die japanische Küche als Mixtur traditionell japanischer, chinesischer und westlicher

Elemente. Die Vielzahl externer – nicht nur ernährungsbezogener – Einflüsse schuf eine Atmosphäre der Verwirrung und Verunsicherung, in der man sich von Oberflächlichem beeindrucken ließ, blind neuesten Trends nachlief, die Isolation wählte oder sich mit Haut und Haaren in eine Sache verbiß.

Als das Schloß von Osaka brannte, versprach Ieyasu einem seiner Gefolgsmänner seine Tochter, wenn dieser sie aus den Flammen retten würde, weigerte sich später aber, sein Versprechen einzulösen. Ein solches Verhalten läßt sich in unserer Zeit sehr oft beobachten und zeigt deutlich, daß Charakter und Schicksal weniger von Umständen oder Umgebung als von der Art, wie wir uns ernähren, beeinflußt werden.

Der Hamlet-Ernährungstyp: »Sein oder Nichtsein – das ist hier die Frage.«

Wie jeder weiß, ist Hamlet der Protagonist in Shakespeares gleichnamigem Trauerspiel. Sein grübelnder, zögerlicher Charakter wird häufig in Kontrast gesetzt zur heiteren Beherztheit des Don Quijote de la Mancha, einer ebenfalls bekannten literarischen Figur.

Der russische Schriftsteller Iwan Turgenjew wies als erster darauf hin, daß Hamlet und Don Quijote zwei grundlegende Persönlichkeitstypen verkörpern. Ich bin überzeugt, daß ihre charakterliche Gegensätzlichkeit stark mit ihrer unterschiedlichen Ernährung zusammenhing.

Nach dem Tod von Hamlets Vater heiratet die Mutter den Bruder ihres verstorbenen Gatten, der daraufhin König wird. Der Geist seines Vaters erscheint Hamlet und weckt in ihm den Verdacht, daß Mutter und Onkel für seinen Tod verantwortlich waren. Daraufhin instruiert Hamlet eine Truppe Wanderschauspieler, ein auf seinem Verdacht basierendes Stück vor dem neuen König aufzuführen. In der Szene, in der der König vergiftet wird, will er die Gesichter von Mutter und Stiefvater genau studieren, um Anzeichen von Schuld zu erkennen und seinen Verdacht zu bestätigen.

Als ihm der Thron verweigert wird, täuscht Hamlet vor, wahnsinnig zu sein, um seinen Argwohn besser verbergen und seine Umgebung ungestörter beobachten zu können. An einer Stelle der Tragödie fragt der neue König Hamlet, wie es ihm gehe. Darauf erwidert dieser: »Vortrefflich, mein' Treu: von dem Chamäleonsgericht. Ich esse Luft, ich werde mit Versprechungen gestopft: Man kann Kapaunen nicht besser mästen.«

Damals dachte man, Chamäleons würden von Luft leben. Mit dieser Metapher drückte Hamlet aus, daß sein Leben seit Ernennung des neuen Königs an Bedeutung verloren hatte. Die Bemerkung über die Kapaunen oder Hühner zeigt die wichtige Rolle, welche die Hühnerzucht in Shakespeares Zeit spielte.

Als Prinz hätte Hamlet den üppigsten kulinarischen Wonnen frönen können. Doch seine Intelligenz verbot ihm den Verzehr von schwer verdaulichem Fleisch. Es gibt im ganzen Stück keine einzige Szene, in der Hamlet sich den Magen vollgeschlagen oder auch nur mit Appetit ein herzhaftes Mahl genossen hätte. Wahrscheinlich lebte er allein von der Luft. Ich vermute, daß Hamlet hauptsächlich Obst aß. Er konnte keinen Sport treiben, und die psychischen Belastungen schlugen sich negativ auf seine Verdauung nieder. In streßintensiven Zeiten bevorzugen viele Menschen frische Früchte wegen ihres Safts und der Vielzahl lebenswichtiger Nährstoffe, Vitamine und Mineralien.

Beinahe jeder Jugendliche durchlebt eine »Hamlet-Phase«, besonders wenn er naiv und weltunerfahren ist. Vor allem die erste Verliebtheit empfinden viele Teenager als einen Ausnahmezustand, der Ängste weckt, schlaflose Nächte bereitet und den Appetit lahmlegt. Solche Identitätskrisen lassen sich mit dem Verzehr von viel Frischobst meist sehr gut in den Griff bekommen.

Der Don Quijote-Ernährungstyp: »Mein Zierat sind die Waffen, und mein Ausruhn ist der Kampf.«

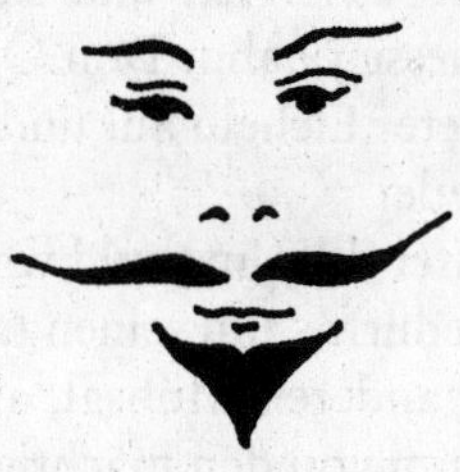

»Quijotisch« ist zum Synonym für einen idealistischen, schwärmerischen oder närrischen Charakter geworden. Doch Don Quijote war mehr als ein weltfremder Träumer: Er war ein Denker, der sich stets den Sinn für Humor bewahrte. Dieser Persönlichkeitstyp ist ein Mensch der Tat, der handelt, ohne sich um die Konsequenzen zu sorgen, und oftmals ein heißblütiges, mutiges Naturell besitzt.

Miguel de Cervantes' Don Quijote lebte in dem kleinen spanischen Dorf La Mancha und las mit Begeisterung Ritterromane. Eines Tages begab sich der Junker auf seinem hageren, von Flöhen zerbissenen Gaul und in Begleitung seines getreuen Gefährten Sancho Pansa auf Abenteuerreise. Und was stand auf dem Speisezettel des Möchtegern-Ritters?

»Eine Schüssel Suppe mit etwas mehr Rind- als Hammelfleisch darin, die meisten Abende Fleischkuchen aus den Überbleibseln vom Mittag, jämmerliche Knochenreste am Samstag, Linsen am Freitag, ein Täubchen als Zugabe am Sonntag.«

Mit anderen Worten, unser Held aß vorwiegend Fleisch. Und er liebte das Essen. Wie es heißt, gab er »volle Dreiviertel seines Einkommens« dafür aus.

Wer sich so fleischlastig ernährt, ist ständig auf der Suche nach neuen Reizen und Anregungen. Dem Wesen dieser egoistischen Personen haftet eine tierische, unbezähmbare Qualität an. Umgekehrt bedingt ihr Hang zur Romantik, mitunter zu weich und sanftmütig zu sein. Nach einem Lammessen nahm Don Quijote einmal eine Handvoll getrockneter Eicheln auf und erhob seine Stimme zu folgender Rede:

»In jenem Zeitalter der Unschuld waren alle Dinge gemeinsam. Keiner bedurfte, um seinen täglichen Unterhalt zu gewinnen, einer anderen Mühsal, als die Hand in die Höhe zu strecken, um von den mächtigen Eicheln herabzuholen.... Klare Quellen und rieselnde Bäche boten ihnen in herrlicher Fülle ihr wohlschmeckendes kristallhelles Wasser. In den Spalten der Felsen, in den Höhlungen der Bäume hatten die sorgsamen klugen Bienen ihr Gemeinwesen eingerichtet und boten ohne Eigennutz einer jeglichen Hand die reiche Ernte ihrer köstlich süßen Arbeit.«

Eicheln und Bienenhonig sind Geschenke des Himmels und reich an Nährstoffen. Fleisch-Liebhaber sollten ihre Ernährung durch den Verzehr alkalischer Nahrungsmittel ausgleichen.

Don Quijote wird oft als Prototyp des naiven Spaßvogels verstanden, als harmloser Possenreißer. Dabei war seine Geschichte in Wirklichkeit als Satire gegen die damals populären Ritterromane angelegt. Trotzdem steckt in ihr auch Ehrfurcht vor dem Idealismus einer Zeit, in der Menschen um der Wahrheit willen furchtlos den Kampf gegen das Böse aufnahmen, auch wenn sie dabei ihre Persönlichkeit opfern mußten.

Manchmal zeichnen sich Fleisch-Esser durch dieses starke Gerechtigkeitsdenken aus. Sie inspirieren ihre Gefolgsleute mit einem Sinn für Ritterlichkeit, der ermuntert, die Starken zu stürzen und sich für die Schwachen einzusetzen. Mit dem japanischen Sprichwort »Der hungrige Krieger pickt seine Zähne mit einem Zahnstocher, als hätte er gegessen« – so die grobe Übersetzung – haben sie nichts im Sinn; vielmehr stopfen sie sich den Bauch voll mit allem, was sie in die Finger kriegen. Besonders bei Lamm, Rind oder Fisch vom Grill laufen ihnen die Augen über, und dann ist es möglich, daß ihre Begeisterung ins Derbe oder Aggressive umschlägt.

In unserer Zeit gelten Menschen mit Don Quijote-Qualitäten als seltene Perlen. Aber: Rein von ihrer physischen Konstitution ausgehend, muß leider festgestellt werden, daß diesen Hasardeuren kein langes Leben beschert ist – wie können sie dann wirklich glücklich sein?

Egal ob Liebe oder Beruf – alle Lebensbereiche sind über die Ernährung beeinflußbar. Das Geschäftsleben ist nichts anderes als intellektuelle Kriegsführung – hirn- bzw. phantasielose Menschen sind in dieser Schlacht hoffnungslos verloren.

Kapitel 4: Ernährungscharakterisierung

Beurteilen Sie sich selbst, Ihren Lebenspartner, Vorgesetzte, Freunde und Kollegen

Wir werfen nun einen Blick auf verschiedene Nahrungsmittel, mit deren Hilfe Sie Persönlichkeitsprofile erstellen können. Ich schlage vor, aus jeder Nahrungsgruppe jeweils eine Vorliebe herauszugreifen und die entsprechenden Erläuterungen zu einem Gesamtpersönlichkeitsprofil zu kombinieren.

Die Menschen essen heute eine unendliche Vielfalt an Nahrungsmitteln, was zu komplizierten, variationsreichen Nahrungsgruppen führt. Hinzu kommen die zahlreichen Konservierungs- und Zusatzstoffe – ja manchmal sogar Gifte –, die von der Lebensmittelindustrie verwendet werden. Was unsere Ernährung betrifft, so sitzen wir auf einem Pulverfaß, das jeden Moment zu explodieren droht.

Ich habe 100 Lebensmittel ausgewählt, die nacheinander betrachtet werden. Was meine ich, wenn ich von »Nahrungsvorlieben« spreche? Nehmen wir Kartoffeln als Beispiel. Wenn Sie diese nur gebraten, aber nicht gekocht mögen, identifiziert Sie das nicht wirklich als Kartoffel-Liebhaber. Genauso beim Fisch: Schmeckt er Ihnen nur fritiert, aber nicht als Suppeneinlage, sind Sie nicht echt Fisch-fanatisch. Ein echter Liebhaber ist nur, wer ein Nahrungsmittel gekocht, gebraten, roh oder wie auch immer buchstäblich »zum Fressen« gern mag. Bitte merken Sie sich nur die Nahrungsmittel, die diese Bedingung für Sie erfüllen. Wenn Sie in einer Gruppe zwei oder mehrere Dinge gleichermaßen mögen, vergessen Sie nicht, das bei der Erstellung Ihres Persönlichkeitsprofils zu berücksichtigen.

Denken Sie daran: Durch die richtige Kombination von Nahrungsmitteln aus den verschiedenen Gruppen können Sie die negativen Effekte ungesunder oder minderwertiger Nahrungsmittel teilweise ausgleichen.

Wenn Sie den Test für sich selbst, für Freunde oder Bekannte machen, werden Sie auf viele Charakterisierungen treffen, bei denen Sie spontan sagen: »Hoppla, stimmt genau!« Doch das ist erst der Anfang: Sie sollten den Test als Anstoß nehmen, Ihre Ernährungsgewohnheiten – und damit Ihre Persönlichkeit – zu verbessern. Nur so ziehen Sie optimalen Nutzen aus der Lektüre dieses Buchs.

Das letzte Kapitel enthält einen einfachen Test, bei dem Sie für jedes angekreuzte Nahrungsmittel eine bestimmte Anzahl an Punkten bekommen, die Sie später zu einer Gesamtpunktzahl addieren. Natürlich sind Persönlichkeiten viel komplexer strukturiert, als es ein simpler Test zum Ausdruck bringen kann und daher nur als Richtschnur und unterhaltsame Anregung gedacht, sich ein paar Gedanken über Ihre Ernährung zu machen.

Das Kuriyama-Institut ist eine sehr ernstzunehmende Organisation. Wir haben dieses erste übersetzte Buch bewußt als humorvolle Einführung konzipiert, die dem Leser so manches Schmunzeln entlockt. Trotzdem sind wir überzeugt, daß Sie einige interessante Parallelen zu Ihrer Persönlichkeit finden werden.

Für die Zukunft planen wir eine Reihe mit Büchern, die sich auf seriöse Weise mit einem breiten Spektrum an Gesundheits-, Wellness- und Ernährungsthemen beschäftigen wird.

Gemüse

Artischocken

Eltern, die dieses Gemüse lieben, haben oft Ärger mit ihren Kindern

Arbeit und Reichtum

In Japan trifft man die Artischocke normalerweise nicht auf den Tellern der Mittelklasse an. Sie steht in dem Ruf, Trend-Gemüse für die reicheren Bevölkerungsschichten zu sein, die einen gewissen elitären Status anstreben.

Menschen, die dieses Gemüse lieben, besitzen ein ungestümes, aber liebenswertes Naturell – man kann ihnen nur schwer böse sein. Mit durchschnittlicher Intelligenz begabt, ragen sie selten aus der Masse heraus. Sie fühlen sich in der Gruppe wohl und sollten Berufe meiden, die isoliertes Arbeiten verlangen. Diese Teamplayer haben stets ein offenes Ohr für die Nöte ihrer Mitmenschen.

Artischocken-Freunde ändern häufig ihre Meinung, sind unstet und neigen zu Frivolität. Das macht sie zur leichten Beute für schlaue Füchse.

Liebe und Familie

In Beziehungen verhalten sich Artischocken-Fans oft ungehobelt und egoistisch: Um die Gefühle des Partners scheren sie sich in der Regel einen Teufel. Von jungen

Jahren an fördern sie das Liebesglück anderer, während ihr eigenes Privatleben zu kurz kommt. Sie sind sehr welterfahren – oder glauben es zumindest.

Artischocken-Liebhaber lassen sich oft von den schönen Worten des anderen Geschlechts täuschen, so daß ihre Beziehungen nicht selten scheitern. Die Männer unter ihnen nerven ihre Ehefrauen mit ständigem Nörgeln und Jammern. Umgekehrt geben Artischocken-goutierende Frauen sehr gute Ehefrauen ab: Sie sind mitfühlend, und es gelingt ihnen meist, schmunzelnd über die Launen ihrer Männer hinwegzusehen. Die Kinder von Artischocken-Anhängern bereiten ihren Eltern mit ihrer Ungezogenheit häufig Kopfschmerzen, woran im Gefühlsüberschwang geschlossene Ehen leicht zerbrechen können.

Diese Menschen verfügen bis zum mittleren Lebensalter über eine erstaunliche sexuelle Kraft, die dann schnell nachläßt. Sie besitzen nur eine durchschnittliche Lebenserwartung.

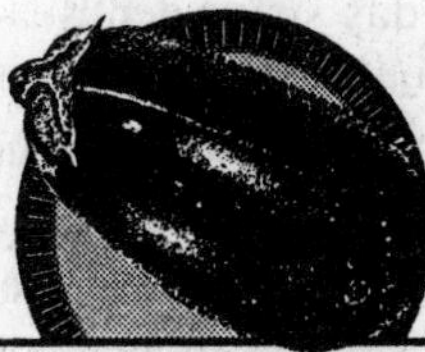

Auberginen

Selbstverliebtheit ist ein Fehler vieler Auberginen-Freunde

Arbeit und Reichtum

»Gib der Braut keine Herbstauberginen zu essen!« rät sinngemäß ein japanisches Sprichwort. Das bedeutet zweierlei: Erstens schmecken Auberginen im Herbst besser als im Sommer. Und zweitens galt die Braut im alten Japan als die unwichtigste Person im Haushalt – warum ihr etwas so Kostbares in den Rachen werfen?! Das mochten zumindest viele Schwiegermütter nicht einsehen!

Auberginen-Liebhaber haben ein gutes Gedächtnis, neigen aber zu Egoismus und Selbstverliebtheit – immer muß sich alles um ihre Person drehen. Deshalb sind sie auch ungeeignet für kooperationsintensive Berufe, sondern arbeiten am besten solo, zumal sie gern langgediente Arbeitsabläufe durch neue Konzepte ersetzen. Solange sie sich selbst treu bleiben, haben sie Erfolg. Die Frauen unter ihnen sind für das Dienstleistungsgewerbe prädestiniert, während männliche Auberginen-Freaks effiziente Verkäufer und Bürofachkräfte abgeben.

Liebe und Familie

Auberginen-Anhimmler träumen vom Ideal romantischer Leidenschaft, das sie in der Realität leider nur selten erleben. Die Frauen sind eigensinnig, weisen gern auf Fehler anderer hin und werden nur mit Männern dauerhaft glücklich, die sie wirklich attraktiv finden. Wenn sie erst verheiratet sind, führen die meisten Auberginen-Fans friedliche, wenn auch nicht sonderlich aufregende Ehen.

Sofern sie sich um eine ausgewogene Ernährung bemühen und exzessiven Salz- und Fettkonsum vermeiden, dürfen Auberginen-Möger mit einem relativ langen Leben rechnen.

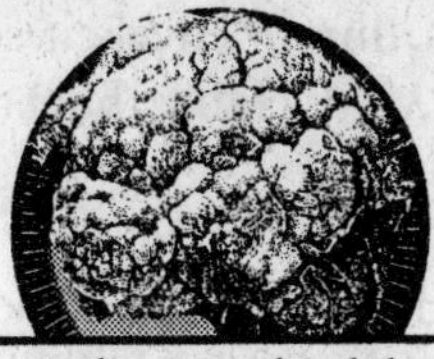

Blumenkohl

Iß Blumenkohl und werde reinen Herzens!

Arbeit und Reichtum

Menschen, die dieses Gemüse lieben, verfügen über ein perfektes Gedächtnis: Es gibt nichts, das sie sich nicht merken könnten. Geschickt im Umgang mit Zahlen und Computern, geben sie gute Hacker oder Ingenieure ab. In Gemeinschaftsunternehmen sind sie immer erfolgreich.

Da sich ihr Vermögen langsam akkumuliert, müssen sie lernen, sich in Geduld zu fassen. Sie eignen sich gut als Führungskräfte und werden oft in Autoritätspositionen berufen. Die Anweisungen anderer zu befolgen fällt ihnen dagegen schwer.

Liebe und Familie

In Beziehungen sind Blumenkohl-Begeisterte bodenständig und grundsolide – vielleicht ein bißchen zu solide. Sie sollten versuchen, etwas mehr Pep zu entwickeln und sich interessanter zu machen. Sie kommen mit jedem auf Anhieb klar, sollten aber ihre Beziehungen mit mehr Abwechslung würzen.

Frauen, die Blumenkohl mögen, sind kokett und verdrehen Männern gern den Kopf. In der Ehe mausern sie sich zu eleganten Damen, die ihren Männern keinen

Wunsch abschlagen. Ihre Heiterkeit sorgt für ein fröhliches Familienleben. Zu Hause haben sie eindeutig die Hosen an.

Sowohl Frauen als auch Männer mit Blumenkohl-Faible sehen gesund und vital aus und genießen ein langes Leben. Ihre innere Stärke befähigt sie, die meisten Krankheiten zu besiegen. Solange die Frau nicht vollends die Oberhand gewinnt und der Mann sich nicht zu sehr unter dem Pantoffel fühlt, führen Blumenkohl-Liebhaber eine harmonische Ehe.

Erbsen

Sex ist ein Steckenpferd der Erbsen-Schwärmer

Arbeit und Reichtum

Erbsen-Liebhaber sind heiter und unkompliziert. Ihr Leben verläuft durchschnittlich, wogegen sie nicht das geringste einzuwenden haben. Sie tun, was von ihnen verlangt wird, ohne es je zu Prominenz oder Ansehen zu bringen. Schlimme Schicksalsschläge bleiben ihnen erspart – ihr Dasein gewinnt mit jedem Tag an Schönheit und Qualität.

Frauen, die für Erbsen schwärmen, haben zwei Gesichter: Einerseits agieren sie gelassen, andererseits bringen sie, wenn nötig, viel Mumm auf. Erbsen-Freunde beiderlei Geschlechts sollten nicht versuchen, allein erfolgreich zu sein – das klappt selten, denn ihre Cleverneß hält sich in Grenzen. Besser ist es, sie lassen sich von anderen unter die Arme greifen. Nach vielen Hochs und Tiefs meint das Schicksal es letztlich aber recht gut mit ihnen.

Liebe und Familie

In der Liebe halten sich viele Erbsen-Fans bedeckt. Selten zeigen sie die Leidenschaft, die in ihrem Herzen lodert, wobei die Frauen entschlossener auf das andere Geschlecht zugehen. Erbsen-mögende Männer werden leicht emotional, dann streiten sie und sind nicht mehr wiederzuerkennen. In der Ehe verhalten sich beide Geschlechter liebevoll, vor allem ihren Kindern gegenüber. Sex ist eines ihrer Steckenpferde. Sie verfügen über eine stabile Gesundheit und hohe Lebenserwartung.

Frühlingszwiebeln

Frühlingszwiebel-Freunde neigen zur Eifersucht

Arbeit und Reichtum

Es gibt in Japan je nach Saison eine Vielzahl von Zwiebelsorten. Ihr einzigartiger Geruch entstammt den essentiellen Fettsäuren, die auch für ihren therapeutischen Nutzen verantwortlich sind.

Wer eine Schwäche für Frühlingszwiebeln hat, ist intelligent und optimistisch. Statt sich wegen Kleinigkeiten verrückt zu machen, arbeiten sich diese Menschen geduldig bis zur Lösung eines Problems vor. Für Büroberufe sind sie gut geeignet. Den Frauen ist die Rolle der Hausfrau und Mutter auf den Leib geschneidert.

Liebe und Familie

Nachdem sie mehrere Kandidaten für eine langfristige Bindung auf Herz und Nieren getestet haben, lassen sich die Frühlingszwiebel-Freaks mit dem oder der »Richtigen« häuslich nieder und führen ein friedliches Familienleben. Einziges Problem: ihr Hang zur Eifersucht. Gelingt es ihnen, diese Neigung in Schach zu halten, geht ihre Ehe selten schief. Ihr Sexleben ist durchschnittlich.

Wenn sie nicht zu viele Kalorien konsumieren und sich ernste Krankheiten vom Leib halten, ist es um ihre Gesundheit bestens bestellt.

Grüne Bohnen

Die Grüne Bohnen-Lobby: Früh vom Erfolg geküßt

Arbeit und Reichtum

Rohe grüne Bohnen sind nicht sonderlich populär, während sie gekocht viele westliche Gerichte nicht nur farblich bereichern. Nach dem Zweiten Weltkrieg wurden an japanische Haushalte verteilte Konservenbohnen als Snack zu alkoholischen Getränken gegessen. Damals begann der Siegeszug der grünen Bohne in Japan.

Die Liebhaber der Hülsenfrucht besitzen Unternehmergeist und Geschäftssinn. Alles andere als schüchtern, müssen sie aufpassen, nicht zu selbstgefällig zu werden. Berufliche Herausforderungen packen sie beim Schopf und bewältigen sie furios, gerade in ihrer Jugend sind sie vom Erfolg verwöhnt. Ihre Glückssträhne läßt in der Lebensmitte etwas nach, bleibt aber über dem Durchschnitt. Bohnen-begeisterte Frauen kommen gut zurecht, solange sie Projekte, die ihnen besonders liegen, allein bearbeiten – andernfalls straucheln sie.

Liebe und Familie

In Gefühlsdingen sind Bohnen-vertilgende Männer flatterhaft und unbeständig – sie haben viele Affären. Ihre Frauen halten sie mit schönen Worten bei Laune, die aber nicht von Herzen kommen. Die weiblichen Bohnen-Fans denken zu nüchtern und erleiden häufig Schiffbruch. An ihren Ehemännern lassen sie kein gutes Haar und gelten daher als schwierige Partnerinnen. Erotik ist ein Thema, das beide Geschlechter sehr interessiert, weshalb die Vermutung naheliegt, sie wären gut im Bett, was falsch ist. Mit zunehmendem Alter wächst ihre Widerstandsfähigkeit gegen Krankheiten, und ihre Gesundheit wird kontinuierlich besser. Sie genießen ein langes Leben.

Grüne Paprika

Paprika-Freunde setzen auf vorhandenen Wohlstand

Arbeit und Reichtum

Leute, die grüne Paprika mögen, haben eine vornehme Erscheinung und können gut mit Menschen umgehen. Sie wirken manchmal etwas seicht – als sei ihre Bildung nur aufgesetzt. Daran ist wohl ihr eher gleichgültiges Naturell schuld. Dank ihrer Jovialität fliegen ihnen Sympathien nur so zu – sie haben viele enge Freunde in allen Gesellschaftsschichten.

Ererbten Wohlstand bauen sie aus und werden damit relativ erfolgreich. Aus eigener Kraft etwas zu schaffen gelingt ihnen selten. Dazu fehlen ihnen sowohl Lebenshunger als auch besondere Talente. Ihr Glücksfaktor ist moderat, Sensationelles passiert ihnen nie.

Frauen, die grüne Paprika lieben, sind mutig und furchtlos. Sie helfen gern und verstehen sich auf die Kunst der Konversation. Mit den Lebensjahren haben sowohl weibliche als auch männliche Paprika-Fans mehr Glück, mit dem Wohlstand geht es zum Lebensabend hin leider manchmal bergab.

Liebe und Familie

Männer, die von grünem Paprika nicht genug bekommen, sind zärtliche Liebhaber. Für ihre Auserwählte wollen sie der (einzige) Traumprinz sein. Daß sie mit dem besten Freund durchbrennen könnte, ist eine Angst, die diese nicht sehr selbstbewußten Männer ständig quält. Frauen, die grüne Paprika lieben, verwandeln sich wie ein Chamäleon in den Lieblingstyp des jeweiligen Partners.

Die Paprika-Möger sind liebende Ehemänner. Allerdings paßt es ihnen nicht, wenn ihre Frau allein oder mit Freundinnen ausgeht. Ihrer Vorstellung nach sollte sie nur zu Hause sitzen und die Kinder hüten. Umgekehrt verhalten sie selbst sich ziemlich ausschweifend. Paprika-verrückte Ehefrauen lassen ihren Männern genügend Freiheiten.

Die Männer sind keine Sexprotze, haben aber lange Spaß am Beischlaf. Die Frauen sind gut im Bett, machen sich aber nicht viel aus Sex. Die Gesundheit beider Geschlechter ist stabil, und sie erreichen ein durchschnittliches Lebensalter.

Gurken

Ein Glückspilz ist, wer seine Gurken-essende Frau beeindrucken kann

Arbeit und Reichtum

Viele Japaner lieben den frischen, klaren Geschmack von Gurken, die sich mit Sushi und anderen Speisen vortrefflich verstehen. Gurken-Gourmets sind Tatmenschen, einmal Angefangenes ziehen sie konsequent durch. Mit ihren Mitmenschen kommen sie gut zurecht. Sie müssen eigenverantwortlich arbeiten können – ein sturer Acht-Stunden-Bürojob sagt ihnen nicht zu. In Gemeinschaftsunternehmen sind sie erfolgreich, sofern sie ihren Partner wirklich mögen. Die Männer besitzen gute Chancen als Innenarchitekten, Lehrer oder Geistliche, während Frauen in größeren Unternehmen besser arbeiten als auf sich allein gestellt.

Liebe und Familie

Männliche Gurken-Fetischisten sind offen, ehrlich und gute Ehegatten, während sich die Partner Gurken-essender Frauen oft über deren Launen und Mäkeleien beklagen. Beide Geschlechter sind gute Liebhaber, vor allem die Frauen reagieren aufgeschlossen auf Zärtlichkeiten. Mit guter Konstitution ausgestattet, werden Männer und Frauen leicht 60 oder 70 Jahre alt, sofern sie sich exzessives Essen und Trinken verkneifen.

Karotten-Kauer haben verborgene Talente

Arbeit und Reichtum

Affen und Pferde lieben Karotten, während die Kinder des Homo sapiens diese oft hassen, woran ihr Geruch schuld sein mag. Karotten enthalten viel Eiweiß, Mineralien, Vitamine und vor allem Carotin.

Mohrrüben-Mümmler haben verborgene Talente, die sie meist geheimhalten, statt damit anzugeben. Sie verlassen sich zu sehr auf andere Menschen, und die Sympathie, die sie ihnen entgegenbringen, bekommen sie oft nicht im gleichen Maß zurück. Ihr Erfolg hängt vom Grad ihrer Anstrengung ab, sie sollten sich jedoch ihrer Handicaps bewußt sein. Generell stehen ihre materiellen Aussichten gut. Unter den Männern findet man viele Sportskanonen und Börsenmakler. Die Frauen schreiben Gedichte oder Novellen – ihnen liegen Aufgaben, die ein Gespür für Ästhetik voraussetzen.

Liebe und Familie

Möhren-Maniacs strömen über vor lauter Liebe – nicht immer zu ihrem Vorteil. Die Ehemänner verstehen und unterstützen ihre Frauen in allem, was diese tun. Karotten-knabbernde Frauen werden von ihren Partnern manchmal als übertrieben schwierig empfunden. Beide Geschlechter bleiben bis in fortgeschrittene Jahre sexuell aktiv und werden selten von Krankheiten heimgesucht.

Kartoffeln

Kartoffel-Fans führen höchst harmonische Ehen

Arbeit und Reichtum

Kartoffeln sind reich an Stärke. Sie wachsen auch auf kargen Böden und halfen in Kriegszeiten vielen zu überleben. Die in Süd- und Zentralamerika beheimatete Knollenpflanze avancierte schon früh zu einem Hauptnahrungsmittel für Europäer und Briten. Im 16. Jahrhundert brachten die Holländer sie erstmals nach Japan, und prompt eroberte sie die Nation im Sturm. Kartoffeln gleichen die Nachteile einer Fleisch-betonten Ernährungsweise gut aus.

Kartoffel-Fans besitzen exzellente Führungsqualitäten. Ihre hohe soziale Kompetenz bewirkt, daß sie sich mit ihren Mitmenschen gut vertragen und diese ihnen umgekehrt Respekt und Vertrauen zollen. Hartnäckig wie sie sind, verlieren sie auf geschäftlichem Terrain vielleicht das ein oder andere Gefecht, bleiben aber am Ende immer strahlender Sieger. Sie schwimmen ihr Leben lang auf der Erfolgswelle.

Liebe und Familie

Kartoffel-Kulinariker pflegen ernsthafte, fruchtbare Beziehungen. Lippenbekenntnisse liegen ihnen nicht, sie stoßen auch niemanden vor den Kopf. Ihr Familienleben steckt voller Abwechslung, sie werden ihrer Partner niemals überdrüssig. Die Frauen unter ihnen sehnen sich nach Romantik und sind sexuell aktiver als die Männer. Im Durchschnitt besitzen Männer und Frauen eine hohe Lebenserwartung. Sollten sie zu viele tierische Fette konsumieren, bauen sie gesundheitlich allerdings rapide ab.

Kidneybohnen

Kidneybohnen sind getarnte Glücksboten

Arbeit und Reichtum

Die Kidneybohnen, die wir in Japan essen, wurden im 17. Jahrhundert zum ersten Mal aus China importiert. Menschen, die die roten Bohnen lieben, haben die Fähigkeit, sich so lange mit Problemen auseinanderzusetzen, bis sie zufriedenstellend gelöst sind. Wenn diese Energiebündel loslegen, sind sie nicht zu bremsen! Dann ist der Himmel ihr Limit! Ihre Vorgesetzten vertrauen ihnen und betrachten sie als Stolz der Firma. Besonders bewähren sich Kidneybohnen-Liebhaber in Firmenbereichen, die Einsatz und harte Arbeit verlangen. Sie sind unter einem Glücksstern geboren.

Liebe und Familie

Männer mit einer Schwäche für Kidneybohnen haben Erfolg in der Liebe. Auf die Frauen trifft das weniger zu, weil sie sich selbst oft zu wichtig nehmen. Aber keine Angst: Je älter sie werden, um so mehr gewinnen sie an Reife – auch im Bett. In der Ehe denken die Männer altmodisch und beschwören mit ihren Pascha-Allüren Probleme herauf. Umgekehrt hacken auch die Ehefrauen sehr auf ihren Männern herum, was ebenfalls Konflikte begünstigt.

Die Männer werden gut und gern 60 oder 70 Jahre alt, die Frauen sogar noch älter.

Kohl

Sprüht vor Leidenschaft – der Kohl-Liebhaber

Arbeit und Reichtum

Sobald sich ein Japaner an die gedeckte Tafel setzt, läßt er sich die Schüssel mit Kohl reichen. Grünkohl und Chinakohl rangieren auf unserem Speisezettel ganz oben. Obwohl er roh am gesündesten ist, wird Kohl von alters her in verschiedenen Ländern anders eingelegt – man denke an das koreanische Kimchi oder das deutsche Sauerkraut. Kohl ist reich an Nährstoffen und eine unverzichtbare Beilage vieler europäischer Spezialitäten. Vor allem Öl-Liebhaber sollten wegen der enthaltenen Vitamine A und B viel Kohl essen.

Wer Kohl am liebsten roh mag, ist meist hochgescheit; wer die gekochte oder eingelegte Variante bevorzugt, verfügt über durchschnittliche Intelligenz. Unsere Aussichten, im Leben voranzukommen, ja, unser ganzes Schicksal wird davon beeinflußt, wieviel Rohkost wir verzehren. Gekocht verlieren Kohl und andere Gemüse einen Großteil ihrer Ballaststoffe. Im Beruf sind die Knabberer von rohem Kohl fleißig, ihnen lacht das Glück. Da ihre Fähigkeit zur Kooperation stärker ausgeprägt ist als ihre Bereitschaft zur Initiative, liegt ihnen die Rolle des Beraters mehr als die des Firmendirektors. Kohl-fanatische Frauen, die den Sprung in die Selbständigkeit wagen, dürfen nach anfänglichen Prüfungen mit Erfolg rechnen. Sie besitzen viel Geduld und eine hohe Leidensschwelle.

Liebe und Familie

In der Liebe macht den Freunden rohen Kohls in puncto Leidenschaft so schnell keiner was vor – ihre Anziehungskraft auf das andere Geschlecht ist beneidenswert. Sie hegen großes Mitgefühl, und vor allem die Frauen legen Wert auf solide, ernsthafte Beziehungen. Ihr Familienleben verläuft ausgesprochen harmonisch, Probleme gibt es selten. Beide Geschlechter sind mit einer gesunden, robusten Konstitution ausgestattet, die ihnen schwere Krankheiten erspart. Kohl-Kulinarikern ist ein langes Leben beschieden.

Kopfsalat

Dem Kopfsalat-Esser fehlt es an Ehrgeiz – und an Wohlstand

Arbeit und Reichtum

Kopfsalat zählt zu den verbreitetsten Gartensalatformen. Er ist ein populärer Mitspieler bei allen möglichen Salat- und Sandwich-Kompositionen und trägt zur Neutralisierung der Negativeffekte von Fleisch bei.

Kopfsalat-Liebhaber sind geschickt im Umgang mit Zahlen: Man findet unter ihnen viele Mathematiker und Computerprogrammierer. Auf der sozialen Leiter schaffen sie es selten weit nach oben, weil es ihnen an Ehrgeiz fehlt, zu beweisen, daß sie besser sind als andere – sie lassen die Dinge passiv auf sich zukommen. Zufrieden mit ihrem Platz im Leben, laufen sie nicht den neuesten Trends hinterher. Sie treffen zwar mit vielen Menschen zusammen, sind aber keine Cliquen- oder Gruppentypen.

Liebe und Familie

Männliche Salat-Schmecker sind temperamentvolle Liebhaber, die in ihren Beziehungen so manches Wechselbad erleben. Die weibliche Salat-Esserin denkt nüchtern und logisch. Diese Menschen führen verhältnismäßig glückliche Ehen, mit gelegentlichen Differenzen, wie wir sie alle kennen. Ihr Sexleben ist konstant und befriedigend, wenn sie auch keine Kanonen im Bett sind. Dank guter Gesundheit leiden sie selten an schweren Krankheiten.

Kürbis-Anhänger lassen sich oft zum Narren halten

Arbeit und Reichtum

Der Kürbis ist ein gewitztes, fröhliches Gemüse, das viel Vitamin A enthält. Erinnern Sie sich, wie im Märchen vom Aschenbrödel aus dem Kürbis eine Kutsche wurde? In Amerika ist es Tradition, Gesichter in Kürbisse zu schnitzen und am Halloween-Abend mit den selbstgebastelten Laternen durch die Nachbarschaft zu ziehen. Die Amerikaner lieben ihren Kürbiskuchen, doch das gelbe Gemüse läßt sich auch fritiert, gekocht, süß-sauer etc. als Beilage servieren oder in Suppen und Eintöpfen verwenden.

Kürbis-Freaks sind schlaue Denker mit fantastischem Urteilsvermögen. Sie haben eine sehr gute Menschenkenntnis, obwohl sie keine Gruppenmenschen sind. Doch wenn sie eine Party geben, strömen die Gäste in

Scharen. Es fehlt ihnen nicht an Luxus, denn sie genießen großen materiellen Erfolg, vor allem im Beruf.

Liebe und Familie

Männliche wie weibliche Kürbis-Kenner sind großherzig und treu. Allerdings tendieren sie dazu, anderen allzu schnell zu vertrauen, wodurch sie in Liebesdingen manchmal voreilig agieren und sich zum Narren halten lassen.

Ihre bemerkenswerte sexuelle Kraft läßt sie auch in späteren Jahren nicht im Stich. Kürbis-Freaks verhalten sich in der Ehe fair und liebevoll. Sie unternehmen viel und sind gute Eltern.

Sowohl Männern als auch Frauen wurden eine vitale, robuste Konstitution und ein langes Leben in die Wiege gelegt. In dem japanischen Sprichwort, das sinngemäß verheißt, »Wer an einem Winterabend Kürbis ißt, genießt ein langes Leben«, steckt mehr als ein Körnchen Wahrheit.

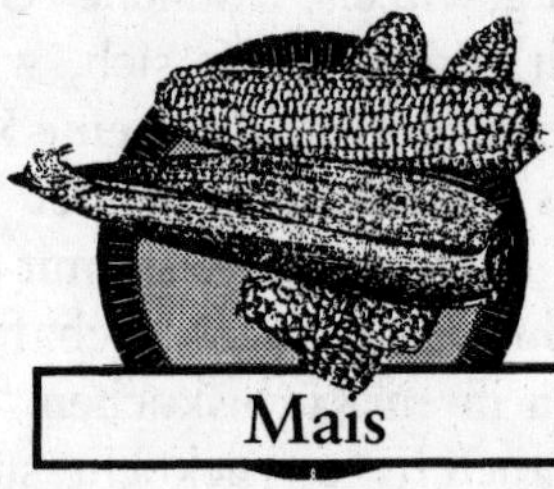

Mais

Mais-Liebhaber sind praktisch und bodenständig

Arbeit und Reichtum

Als Imbiß auf Jahrmärkten und Volksfesten erfreuen sich Maiskolben in Japan großer Beliebtheit. Man kauft sie an

Imbißbuden. Während sie in Amerika mit Salz und Butter serviert werden, ertränken wir Japaner unsere Maiskolben in Zucker und Sojasauce. Eigentlich sollte dieses nahrhafte Gemüse weder mit Butter und Salz noch mit Zucker verfälscht, sondern am besten pur genossen werden.

Akademiker trifft man unter den Mais-Partisanen eher selten. Sie sind bodenständige Typen, beharrlich und mit einer guten Portion gesundem Menschenverstand ausgestattet. Berufe, in denen manuelles Geschick wichtiger als Kopfarbeit ist, machen ihnen mehr Spaß. Allerdings fühlen sie auch gern kniffligen mechanischen oder physikalischen Problemen auf den Zahn. Diese Vollblut-Praktiker sind das Salz der Erde.

Landwirte, Fischer, Minenarbeiter – das sind die Berufe, in denen sich Mais-Liebhaber zu Hause fühlen, wenn sie im Schweiße ihres Angesichts das Wohl ihres Vaterlandes fördern. Über weite Strecken ihres Lebens ist ihnen das Glück überdurchschnittlich zugetan, trotzdem haben sie immer wieder mit Schwierigkeiten zu kämpfen.

Liebe und Familie

Mit Kitsch und Romantik haben Mais-Helden nichts im Sinn – sie bevorzugen geradlinige, unsentimentale Beziehungen, die auf altmodischen Werten und gegenseitigem Vertrauen basieren. Für Frauen gilt das noch stärker als für Männer. In der Ehe führt der weibliche Part die Aufsicht über Konten und Finanzen. Ihre Kinder lieben beide Geschlechter aufrichtig, stellen ihre Gefühle aber nicht plakativ zur Schau. Im Bett kann man von Maisverrückten Männern und Frauen Überdurchschnittliches erwarten, womit sie aber nie prahlen würden. Zuviel Aufheben um das Thema Sex lehnen sie ab. Und sie leben länger als der Durchschnitt.

Pilze

Die Pilz-Fraktion: Köpfchen & sexy Ausstrahlung

Arbeit und Reichtum

Im Herbst spielen die vielen einheimischen Pilzsorten eine Hauptrolle in Japans Töpfen und Pfannen. Sie vertragen sich ideal mit Reisgerichten, und auch andere Speisen bekommen durch sie Farbe und Würze.

Pilz-Freunde sind intelligent und begabt. Sie kommen gut mit anderen Menschen aus. Allerdings erfährt man nur selten, was in ihren Köpfen – und Herzen – wirklich vorgeht, denn am liebsten verstecken sie ihre Gefühle. Nehmen Sie sich in acht: Clever und oft berechnend macht es diesen Intelligenzbolzen diebischen Spaß, ihre Umgebung zu manipulieren. In extremen Fällen manövriert ihr Verstand sie ins gesellschaftliche Aus – und dann sind sie zu allem fähig! Schlagen sie die richtige Richtung ein, steigen sie aufgrund ihres Genies mit rasantem Tempo in die Top-Etagen auf.

Liebe und Familie

Männer, die Pilze mögen, haben Glück in der Liebe – die Damenwelt macht ihnen Avancen statt umgekehrt. Pilzverrückte Frauen sind in Liebesdingen oft flatterhaft, was nicht selten in Reue endet. Wenn ihre Männer diese

Willensstärke respektieren, kultivieren sie deren angeborenes Talent, rationale Urteile zu fällen. Männliche Pilz-Esser zeigen sich in der Ehe als großartige Manipulatoren – fast immer gelingt es ihnen, ihre Gattin vom eigenen Willen zu überzeugen. Pilz-versessene Frauen verhalten sich fremden Männern gegenüber äußerst entgegenkommend, was ihre Angetrauten mit Argwohn und Eifersucht erfüllt.

In jungen Jahren sind die Pilz-Freunde sexuell sehr aktiv, brennen aber beizeiten aus. Trotzdem dürfen beide Geschlechter auf ein langes Leben hoffen.

Radieschen-Fans, versucht Euer Glück im Alleingang!

Arbeit und Reichtum

Außer den Fähigkeiten, hart zu arbeiten und das Vertrauen anderer Menschen zu gewinnen, besitzt der Radieschen-Fan keine besonderen Merkmale. Er ist ein enger Freund, allerdings nur für kurze Zeit. In der Jugend von vielen Problemen gebeutelt, bringt es die gereifte Persönlichkeit zu Glück und Wohlstand. Je mehr er im Alleingang erledigen kann, um so erfolgreicher ist er in seinem Job. Besonders weibliche Radieschen-Fans haben ein relativ leichtes Leben, und ihr Glücksfaktor nimmt im Laufe der Jahre zu.

Liebe und Familie

Radieschen-Freunde lieben das andere Geschlecht, doch ihre nagende Eifersucht bringt so manche Beziehung zum Scheitern. Dabei haben die Frauen mehr Glück als die Männer. Der Radieschen-begeisterte Mann liebt seine Gefährtin und zeigt seine Zuneigung offen, wird aber oft mißverstanden. Seine sexuelle Potenz und Ausdauer sind gut, trotzdem kann man ihn nicht als Kanone im Bett bezeichnen. Liebende Radieschen-Männer und Frauen werden älter als die Durchschnittsbevölkerung.

Rhabarber

Wer für Rhabarber schwärmt, sollte sich einer Gruppe anschließen

Arbeit und Reichtum

Rhabarberkuchen ist bei Schleckermäulern sehr beliebt. Das Knöterichgewächs besitzt zwar kaum Vitamine und Mineralstoffe, dafür aber relativ viel Oxalsäure, weshalb Rhabarber-Freaks den Genuß nicht übertreiben sollten.

Wer für Rhabarber schwärmt, ist unkompliziert und bequem. Im Extremfall wächst sich ihr Phlegma in regelrechte Faulheit aus. Eigenschaften wie Geduld und

Durchhaltevermögen sind bei diesen Menschen unterentwickelt: Sie lesen niemals ein Buch zu Ende, sondern springen zwischen den Kapiteln hin und her. Da jede Form der Eile ihnen fremd ist, begehen sie selten schwerwiegende Fehler. Wenn sie lernen, im Beruf beharrlicher zu sein, kommen sie allmählich in den Genuß von mehr Glück und Wohlstand.

Liebe und Familie

Rhabarber-faszinierte Männer sind grundsolide Liebhaber, die Oberflächlichkeit nicht kennen. Anders das weibliche Geschlecht: Schnell verliebt – und genauso schnell die Nase voll von der neuen Liaison. Diese Tendenz, Personen oder Dingen rasch überdrüssig zu werden, ist schwer zu bekämpfen und hält auch in der Ehe unvermindert an. Die Männer verfügen über große sexuelle Kraft, während die Frauen als Liebhaberinnen vielleicht nicht atemberaubend, dafür aber sehr ausdauernd sind. Das kann das erotische Timing unter Umständen erschweren.

Die männliche Rhabarber-Fraktion ist gesund und nicht anfällig für Krankheiten. Wenn es ihnen gelingt, ihre Suchtneigung in Schach zu halten, genießen sie ein langes Leben. Physisch von stabiler Konstitution, sollten Rhabarber-Liebhaber auf ihre emotionale Gesundheit achten – es tut ihnen gut, sich einer Religion, einem Sportclub oder sozialem Verein anzuschließen.

Rote Bete

So normal, daß es schon wieder unnormal ist!

Arbeit und Reichtum

Rote Bete ist ein gesundes, nahrhaftes Gemüse, das sowohl warm als auch kalt sehr lecker schmeckt. Diese Untergattung der Beta-Rüben wird als Klassiker bodenständiger Hausmannskost geschätzt.

Anhänger der Roten Bete oder Roten Rübe scheinen auf den ersten Blick weich und verwundbar, in Wirklichkeit besitzen sie eine enorme innere Stärke. Nur mit der Intelligenz hapert es bei diesen leutseligen Charakteren! Sie sollten die Finger von der Selbständigkeit lassen, denn sonst nagen sie leicht am Hungertuch. Das Wort »normal« wurde für diese Menschen erfunden, spektakuläre Erfolge sind ihnen nicht vergönnt.

Frauen, die von Rote Bete nicht genug kriegen können, verfügen über keinerlei Eigenschaften, außer vielleicht Reizbarkeit. Im allgemeinen sind Rüben-Knabberer gute Arbeiter und begabte Verkäufer, wobei sie selten reich werden. Flexibilität ist ein Fremdwort für sie, Sturheit ihr typisches Merkmal.

Liebe und Familie

Diese leidenschaftslosen Menschen trifft man meist in konventionellen Ehen und Beziehungskisten an, in denen die Männer ihre Frauen unterdrücken und diese langsam, aber sicher immer unglücklicher werden. Trotz Höhen und Tiefen ist die Gesundheit der Rüben-Fans insgesamt zufriedenstellend. Sie erreichen ein durchschnittliches Lebensalter.

Sellerie

Sellerie-Liebhaber sollten sich auf Heim und Familie konzentrieren

Arbeit und Reichtum

Menschen, die Sellerie mögen, sind unkompliziert und verträglich. Für andere bringen sie Verständnis und Mitgefühl auf und respektieren deren Meinung. Sie sind gute Anwälte, Ärzte und Politiker. Das Schicksal ist ihnen mit jedem Tag freundlicher gesonnen, und im Nu beneidet alle Welt sie um ihren Erfolg. Reichtum fällt ihnen in den Schoß, ohne daß sie sich darum bemühen müßten.

Mitglieder der Sellerie-Sippschaft haben viele lockere Bekanntschaften und auch ein paar enge Freunde. Soziales Geplänkel liegt ihnen nicht. Die Frauen haben eine Menge Freundinnen und zeichnen sich durch ihr diplomatisches Geschick aus. In der Rolle der Helferin gehen sie auf, genießen aber zum anderen Geschlecht nur wenige tiefe Beziehungen. Ihr Glücksstern geht relativ spät im Leben auf.

Liebe und Familie

Es dauert lange, bis diese introvertierten Menschen ihren Lebenspartner richtig kennenlernen. Das kann zu Irritationen führen. Obwohl sich viele Männer in diese Frauen verlieben, bleiben deren Gefühle meist unerwidert. Das Familienleben von Sellerie-Liebhabern verläuft in harmonischen Bahnen, ohne große Höhen und Tiefen. Ihr Leben ist absolut gewöhnlich. Sie sind gesund und werden selten krank. Bei reduziertem Zucker- und Alkoholkonsum bleiben sie lange rüstig und vital.

Sojabohnen

Die Sojabohnen-Liga: Leidenschaft & flammende Erotik

Arbeit und Reichtum

In Japan bezeichnen wir die aus China stammende Sojabohne wegen ihres hohen Nährwerts als »Butter der Felder«. Sie ist als Eiweißquelle kaum zu schlagen und wird für die Herstellung von Miso, Sojasauce, Tofu, Mehl, Bratöl und der klebrigen Bohnenpaste *natto* verwendet. Keine andere Bohnenform kommt in der japanischen Küche häufiger zum Zug.

Die intelligente und fleißige Spezies der Sojabohnen-Liebhaber feiert im reiferen Lebensabschnitt große Erfolge. Mit ihrer gutmütigen Ausgeglichenheit üben sie eine natürliche Anziehungskraft auf andere Menschen aus. Sojabohnen-Freunde gehen selbst aus schwierigsten Situationen als Sieger hervor.

Liebe und Familie

In Liebesangelegenheiten ist der Sojabohnen-bevorzugende Mann die Ernsthaftigkeit und Integrität in Person. Ganz anders das weibliche Pendant: Sie ist wild, unbändig und hält es nie lange mit ein und demselben Mann aus. Wenn verheiratet, bringt die Sojabohnen-Liga dem Lebenspartner viel Zuneigung und Liebe entgegen, sollte sich aber ihre Predigten verkneifen. Im Schlafzimmer entfachen die leidenschaftlichen Sojabohnen-Fans ein Erotik-Feuerwerk, das seinesgleichen sucht. Sie besitzen eine hohe Widerstandskraft, die sie vor Krankheiten schützt, und werden leicht 70 oder 80 Jahre alt.

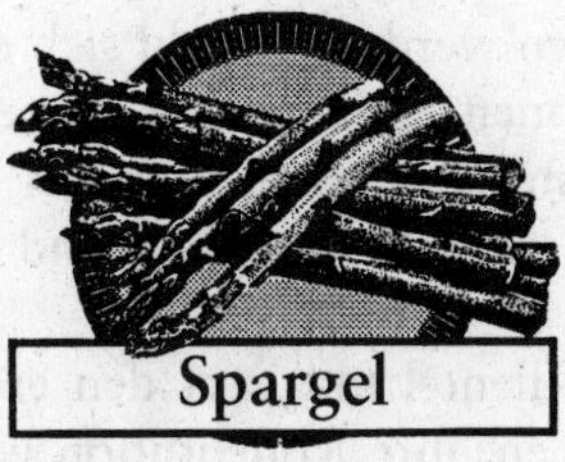

Spargel

Soviel Dusel in Leben und Liebe tut fast weh!

Arbeit und Reichtum

Es ist noch nicht allzu lange her, da konnten wir Japaner Spargel nur im Glas oder in der Dose kaufen. Kein Wunder, daß wir die faserigen Stangen fad und langweilig fanden, bis uns frischer Spargel mit seinem aparten Geschmack und hohen Nährwert vom Gegenteil überzeugte!

Spargel-Kulinariker sind fleißig, neugierig und immer bereit zu lernen. Bürojobs bewältigen sie sehr gut. Was ihre zwischenmenschlichen Kontakte betrifft, so legen sie oft übertriebene Vorsicht an den Tag – es dauert lange, bis sie zu jemandem echte Zuneigung fassen. Und auch dann verhalten sie sich meist sehr geschäftsmäßig in ihren Beziehungen.

Diese lebenshungrigen Menschen werden vom Glück buchstäblich verfolgt. Einziges Problem: Sie geben sich gern Illusionen hin. Für die Selbständigkeit nicht geschaffen, erreichen sie materiellen Wohlstand, wenn sie in der Firma ihres Ehepartners oder einem anderen Unternehmen angestellt sind.

Liebe und Familie

Obwohl glutvolle Liebhaber, neigen männliche Spargel-Schlemmer dazu, ihre Gefühle zu verstecken, weshalb sie oft mißverstanden werden. Sobald sich eine Frau auf eine Affäre mit ihnen einläßt, ist sie überrascht, wieviel Liebe in ihnen steckt! Frauen, die sich die Finger nach Spargel lecken, sind sehr herzlich und haben gute Erfolgschancen.

Die Spargel-Klientel mag auf den ersten Blick nicht sehr vital aussehen, ihre Konstitution ist jedoch kräftig und ihre Zähigkeit beispielhaft. Sowohl Männer als auch Frauen dürfen sich auf ein langes Leben freuen.

Spinat

Energiefutter für Überlebenskünstler

Arbeit und Reichtum

Schon die Cartoon-Figur Popeye wußte: Spinat ist Energiefutter pur. Das Power-Grünzeug strotzt vor Vitaminen und Mineralstoffen, die leider oft, wie bei vielen Gemüsen, durch zu langes Garen zerstört werden.

Spinat-Verrückte sind unberechenbar und voller Launen: in der einen Minute himmelhochjauchzend, in der nächsten zu Tode betrübt und unfähig, sich auf ihre Arbeit zu konzentrieren. Deshalb haben sie nur sehr wenige enge Freunde. In euphorischen Phasen kommen sie gut mit anderen aus, doch sollten sie dringend versuchen, ihre radikalen Stimmungsumschwünge in den Griff zu bekommen, die auch ihre berufliche Position gefährden können.

Ihr Leben ist eine fortlaufende Abfolge von Prüfungen, an denen sie kontinuierlich zu wachsen scheinen. Sie sollten sich bemühen, stets ihr Bestes zu geben. Sie sind durchschnittlich begabt und neigen dazu, sich vor heiklen Entscheidungen zu drücken.

Liebe und Familie

In der Liebe legen Leute mit Spinat-Faible Wert auf ihren eigenen Rhythmus. Obwohl sich ihr logisches Talent in

Grenzen hält, sind sie kühle Denker und treiben ihre Lebenspartner mitunter zur Weißglut. Wenn sich ein Spinat-Freak verliebt, dann mit Haut und Haaren, denn er ist ein Mensch der Extreme, aber trotzdem sehr nett und liebevoll.

Die Ehemänner kommandieren ihre Frauen gern herum und beschwören dadurch Ehekonflikte herauf. Sie sollten toleranter sein und im Haushalt anfallende Entscheidungen ihren Gattinnen überlassen, deren Urteil sie trauen können. Die sexuelle Kraft dieser feurigen Männer und Frauen bleibt ihr Leben lang ungetrübt. Spinat-Freunde werden gut und gern 60 oder 70 Jahre alt. Ihr Glücksfaktor ist durchschnittlich.

Süßkartoffeln

Süßkartoffel-Freunde sind ideale Beziehungskandidaten

Arbeit und Reichtum

Die Süßkartoffel ist ein Evergreen traditioneller Kochkunst. Sie schmeckt gebraten, gekocht oder gebacken und ist besonders beim weiblichen Geschlecht begehrt. Frauen müssen ihrem Körper viel diätetische Stärke zuführen. Aber auch für Männer sollte die Süßkartoffel eine prominentere Rolle spielen.

Wer Süßkartoffeln mag, dringt schnell zum Kern eines Problems vor und hat keinerlei Mühe, Entscheidungen zu treffen. Niemals entfällt ihm ein Name, mit seinem profunden Wissen ähnelt er einer wandelnden Enzyklopädie. Diese offenen, freundlichen Wesen sind bei allen beliebt – ihnen schlägt keinerlei Antipathie entgegen. Unbeirrbar lösen sie jedes berufliche Problem. Ihr Glücksfaktor verbessert sich stetig, und gerade im Beruf sind sie jenseits der Lebensmitte erfolgreicher denn je.

Liebe und Familie

Die Liebesbeziehungen ihrer Jünger haben die gleiche Qualität wie eine gebackene Süßkartoffel: bodenständig, ehrlich, warm und Geborgenheit verströmend. Manchmal geht ihr Temperament allerdings mit ihnen durch: Besonders die Süßkartoffel-versessene Frau verliebt sich plötzlich und verliert dabei völlig den Kopf. Im Familienalltag entwickeln diese Menschen spontanen Humor – sie haben immer einen Scherz auf den Lippen, und bei ihnen wird viel gelacht. Sexuell sind sie aktiv, besonders die Frauen erweisen sich als raffinierte Liebhaberinnen.

Süßkartoffel-Möger sind so kerngesund, wie sie aussehen, und das verdanken sie vor allem ihrem intakten Magen. Ihnen ist ein langes Leben vergönnt.

Tomaten

Wer auf Tomaten steht, klettert die Karriereleiter hoch

Arbeit und Reichtum

Die ursprünglich in Peru beheimatete Tomate eroberte zunächst Europa und Nordamerika. Nach Japan kam sie erst im 19. Jahrhundert und wurde »rote Aubergine« getauft.

Tomaten-Liebhaber haben oft das Zeug zum Genie. Sofern sie ihrer Neigung widerstehen, sich in ihre eigene Begabtheit zu verlieben, kommen sie gut mit anderen Menschen aus. Sie besitzen Weitblick und Urteilsvermögen. Ihr visionäres Potential macht sie oft zu Pionieren ihrer Zeit. Immer genießen sie hohes soziales Ansehen und Popularität. Ihr Ehrgeiz ist riesig, und weil sie fähig sind, ihre Träume zu verwirklichen, schaffen sie, was immer sie sich vornehmen – wenn sie nicht alle Bescheidenheit und Vorsicht über Bord werfen. Ihr Schicksal steht in direktem Verhältnis zum Grad ihrer Anstrengung.

Besonderes Talent besitzen diese Leute in der Architektur, der Navigation und im Management. Eigentlich ist es egal, welchen Beruf sie letztlich ergreifen – sie sind überall erfolgreich, auch finanziell. Weil sie fest an sich glauben, erklimmen sie die oberste Sprosse der Karriereleiter.

Liebe und Familie

Gäbe es das Adjektiv »liebestrunken« nicht bereits, müßte es für diese Leute erfunden werden: Tomaten-Genießer verlieren sich leicht im Kosmos romantischer Gefühle. Sie führen ein gutes Familien- und Sexualleben, werden selten übergewichtig und verfügen über eine hohe Lebenserwartung. Von schweren Krankheiten bleiben sie verschont.

Der hohe Carotingehalt der Tomate, auch blumig »Liebesapfel« genannt, verleiht ihren Freunden außerordentliche sexuelle Ausdauer, mitunter wirken sie sogar unersättlich.

Sie sollten nicht zuviel Fleisch oder Fisch essen, da dies die positive Wirkung der Tomaten unterminieren würde.

Weiße Rüben

Ein gutes Händchen für Börsengeschäfte

Arbeit und Reichtum

Weiße Rüben, ob eingelegt oder gekocht, sind ein traditioneller Bestandteil der japanischen Küche. Sie schwemmen Schlackenstoffe aus dem Organismus aus, und ihr hoher Kalziumgehalt macht sie zum idealen Nahrungsmittel für Aktive. Wer weiße Rüben mag, so heißt es seit jeher, häuft immense Reichtümer an.

Die Rüben-Vergötterer haben etwas vom Typ des zerstreuten Professors. Sie sollten einen Beruf wählen, der sie ihr hervorragendes mathematisches Talent und Geschick im Umgang mit Zahlen profitabel nutzen läßt. Trotzdem liegen ihrer beruflichen Karriere einige Steine im Weg. In Machtpositionen bewähren sie sich besonders – generell gelingt ihnen fast alles, was sie beruflich anpacken. Je mehr Initiative sie zeigen können, um so besser.

Man findet viele exzentrische Persönlichkeiten im Weiße-Rüben-Clan. Diese Menschen sind nicht besonders flexibel und leben gesellschaftlich eher zurückgezogen. Vorzugsweise sollten sie Gelehrte, Archäologen oder Börsenmakler werden. In solchen und anderen Berufen, die sie von der Masse abheben, beweisen sie eine überaus glückliche Hand.

Liebe und Familie

Aus dem weiblichen Geschlecht machen sich Rübengoutierende Männer nicht viel; vor den Traualtar treten sie hauptsächlich, weil es die Konvention vorschreibt. Als Ehemänner sind sie uninteressant, aber treu. Sie bleiben gern zu Hause und leisten sich keine Eskapaden.

Wenn sie den Impuls verspüren, sollten Frauen, die für weiße Rüben schwärmen, ruhig jung heiraten. Sie sind gute, treue Ehefrauen, die weder mit anderen Männern flirten noch ihren Gatten Hörner aufsetzen. Wem nichts wichtiger ist als die Treue des Partners, der sollte sich also in der Weiße-Rüben-Gemeinde nach Beziehungskandidaten umsehen.

Yamswurzeln

Wer Yamswurzeln liebt, sollte sich keine Zukunftssorgen machen

Arbeit und Reichtum

Die nahrhafte Yamswurzel ist eine klassische Protagonistin der ländlichen Küche. Sie weckt Assoziationen an Kindertage auf dem Land und Großmutters duftende Kochstube.

Auf den ersten Blick unnahbar, entpuppt sich der Anhänger der Yamswurzel als loyaler Freund, sobald er seine anfängliche Kühle abgelegt hat. Dieser präzise Denker liebt das Experimentieren. Er ist intelligent, und man vertraut ihm. Nach Mißerfolgen rappelt er sich schnell wieder auf, und am Ende lacht ihm der Triumph. Statt sich um die Zukunft zu sorgen, sollte er stets daran denken, daß der Kummer von heute den Freuden von morgen vorausgeht.

Liebe und Familie

Wird ein Yamswurzel-verrückter Mann von Amors Pfeil getroffen, widmet er sich der neuen Liebe mit Vehemenz und missionarischem Eifer, als führe er einen Kreuzzug. Diese Männer sind sehr direkt und geradeheraus. Anders ihr weibliches Pendant: Selbst wenn sie sich verliebt, würde diese schüchterne Eva das niemals zugeben. Um

Konflikten vorzubeugen, müssen Yamswurzel-Fans lernen, ihre Persönlichkeiten aufeinander abzustimmen.

Sexuell gesehen hat die Yamswurzel-Liga mehr zu bieten als der Durchschnitt, wenn auch ihre Stamina verbesserungswürdig ist. Sie besitzen eine relativ lange Lebensdauer.

Zucchini

Die Liebe im Zeichen der Zucchini: eine Berg- und-Talfahrt

Arbeit und Reichtum

Die Zucchini ist eine Kürbisvariante mit meist grünen, grüngestreiften oder gelben gurkenähnlichen Früchten – ein wohlschmeckendes und zugleich nahrhaftes Feingemüse.

Zucchini-Liebhaber besitzen ein gutes, wenn auch nicht sehr differenziertes Denkvermögen – das Gesamtszenario interessiert sie mehr als die Details. Ihre Beharrlichkeit läßt zu wünschen übrig, deshalb sollten sie Langzeitprojekte lieber meiden. Sie sind gesellig und kommen gut mit ihren Mitmenschen aus. Aufgaben meistern sie erfolgreich – egal, worum es geht –, und ihr beruflicher Erfolg wächst mit dem Grad ihres Engagements.

Das Schicksal der Zucchini-Genießer ist wechselhaft, aber am Ende lacht ihnen immer das Glück.

Liebe und Familie

Der Zucchini-Romeo ist ein treuer Liebhaber, die Zucchini-Julia verliebt sich nicht gern blind. Beide geben gute Ehepartner ab, denn ihre friedenstiftenden Fähigkeiten halten den Haussegen im Lot. Der Romeo zeichnet sich durch sexuelle Kraft, aber wenig Leidenschaft aus, während Julia am Anfang einer Beziehung eine starke Libido zeigt, die dann kontinuierlich abflaut. Kurz gesagt: Die Liebe zu Zucchini-Schmachtern beiderlei Geschlechts gleicht einer Berg- und Talfahrt.

Diese mit ausgezeichneter Gesundheit gesegneten Menschen erreichen ein hohes Lebensalter.

Zwiebeln

Zwiebel-Goutierer haben Lust aufs Leben

Arbeit und Reichtum

Die Gartenzwiebel gehört zur Familie der Liliengewächse und wurde erstmals in Westasien angebaut. Ihre hohlröhrigen Blätter sind dünner als die der Frühlingszwiebel. Das Messer, mit dem man Gartenzwiebeln hackt, sollte man nicht für andere Gemüse benutzen, denn sie dünsten einen scharfen Geruch aus, der die Tränendrüsen anregt und einem das Wasser in die Augen treibt. In westlichen Ländern werden rohe Zwiebeln oft in Ringe geschnitten und als Salatgarnitur verwendet.

Obwohl sie keine Genies sind, erfüllen Zwiebel-Goutierer berufliche Aufgaben fleißig und zuverlässig. Ihre ruhige Arbeitsweise und ihre Ehrlichkeit wirken vertrauenerweckend. Sozial sind sie nicht sehr aktiv, aber sobald sie Vertrauen zu jemandem gefaßt haben, werden sie schnell Freunde fürs Leben, an die man sich immer hilfesuchend wenden kann.

Leider gelten Leute, die Zwiebeln mögen, manchmal als kalt und egoistisch, so daß sich andere selten um ihre Freundschaft reißen. Sie haben große Lust aufs Leben, und besonders wenn sie älter werden, ist ihnen das Schicksal hold. Sie sind gute Verkäufer und Lehrer.

Liebe und Familie

Wenn sich Zwiebel-Anhimmler für einen Partner entschieden haben, weichen sie nicht von seiner Seite. Das heißt nicht, daß sie den anderen mit ihrer Zuneigung erdrücken. Ihr Familienleben verläuft friedlich, manchmal monoton. Auch ihrem festen Freund gegenüber zeigen sich die Frauen in ihren Gefühlen sehr kontrolliert. Später hängen die Ehemänner ihnen oft am Schürzenzipfel.

Im Bett enttäuscht die Zwiebel-Crew nicht. Sofern beide Geschlechter Fleisch meiden, erreichen sie ein ziemlich hohes Alter.

Früchte

Ananas-Liebhaber sind Kämpfernaturen

Arbeit und Reichtum

Es gibt kaum einen größeren Genuß als eine frische, reife Ananas. Konserviert schmecken sie oft sauer und nach Blech. Wie für jedes Obst oder Gemüse gilt, daß Sie Ihre Geschmacksnerven an Frischware gewöhnen sollten, um möglichst reichen Nutzen aus den Gaben der Mutter Natur zu ziehen.

Die durchschnittlich intelligenten Ananas-Liebhaber sprühen vor Lebenslust. In ihrer Karriere müssen sie manche Pleite einstecken, doch sie rappeln sich nach jeder Niederlage wieder auf, weil sie sich Fehler – große wie kleine – nicht zu Herzen nehmen. Die Kämpfernaturen haben Spaß an Wortgefechten und weichen niemals von ihrem Standpunkt ab – komme, was wolle. Manchmal agieren sie übereilt und lassen sich von anderen an der Nase herumführen. Sie sollten lernen, ihr Temperament im Zaum zu halten – dann wird sich das Blatt für sie zum Positiven wenden.

Liebe und Familie

Ananas-anbetende Männer wollen, daß sich alles nach ihnen richtet – sie sind sehr egoistisch. Die Frauen folgen dem geliebten Mann zunächst blind, werden der Beziehung aber bald überdrüssig. In Ehen von Ananas-Freaks gibt es häufig Streit und Querelen. Zwar genießen die Männer den Sex mit ihren Frauen, doch eine Frau reicht ihnen meist nicht aus. Die Ananas-Fraktion hat mit Familie, Heim und Harmonie nicht viel am Hut.

Wer viel Ananas ißt, unterstützt Gesundheit und Immunabwehr und kann fast immer mit einem langen Leben rechnen.

Apfel-Freunde sind urwüchsige, burschikose Typen

Arbeit und Reichtum

Um den Apfel, ein Symbol der Fruchtbarkeit, ranken sich seit Menschengedenken zahlreiche Geschichten: Wir wissen, daß Wilhelm Tell seinem Sohn mit Pfeil und Bogen einen Apfel vom Kopf schoß, daß Adam im Garten Eden der Apfelbissen im Hals steckenblieb und zum Adamsapfel mutierte und daß Isaac Newton die Idee mit der Schwerkraft kam, als ein Apfel auf ihn fiel.

Apfel-Freunde sind urwüchsige, burschikose Typen mit Geschmäckern so altmodisch wie Großmutters Apfelkuchen. Sie bersten vor Energie, erledigen sämtliche Aufgaben mit großem Elan, besitzen gute mentale Fähigkeiten und beruflichen Weitblick. Je älter, um so aktiver werden sie, und wenn sie sich mit den richtigen Leuten umgeben, können sie es zu Reichtum bringen. Leider wollen sie es immer allen recht machen, und ihre Gutmütigkeit und Vertrauensseligkeit führt oft dazu, daß sie getäuscht oder ausgenutzt werden.

Liebe und Familie

In Liebesdingen vorsichtig und wachsam passen Apfelkauende Männer höllisch auf, sich ja nicht zu sehr zu verlieben, bevor sie die Dame ihrer Wahl nicht genauer kennen. Auch Frauen, die Äpfel mögen, lassen sich Zeit bei der Suche nach dem Mann fürs Leben. Die Ehen der Apfel-Lobby scheinen nach außen friedlich, und tatsächlich spielen sich unter ihrem Dach kaum Dramen ab. Ihr Familienleben verläuft nach konventionellem Muster. Die sexuelle Blütezeit erreichen Apfel-Freunde um die Lebensmitte herum. Sie erfreuen sich lebenslang uneingeschränkter Gesundheit.

Bananen

Bananen-Begeisterte verlieben sich Hals über Kopf

Arbeit und Reichtum

Bananen werden im tropischen Asien angebaut und nach Japan importiert, wo man die unreif geernteten, grünen Stauden in Lagerhäusern nachreifen läßt, bis sie gelb werden. Bananen schmecken und sind gesund, weshalb sie in der Kinderernährung eine große Rolle spielen.

Auch unter Erwachsenen gibt es viele bekennende Bananen-Fans. Obwohl sie selten über besondere Fähigkeiten verfügen, sind diese Leute in ihrem Job beharrlich und erfolgreich. Ihre Hartnäckigkeit wird mit Respekt quittiert, und letztlich haben sie das Glück immer auf ihrer Seite. Sie sollten Berufe wählen, die ihnen Gelegenheit geben, sich mit Detailfragen langfristiger Projekte auseinanderzusetzen.

Liebe und Familie

Treffen sie jemanden, den sie mögen, verlieben sich Bananen-Begeisterte Hals über Kopf, was Probleme aufwerfen kann. Auch in der Ehe regen sich manchmal kleinere Schwierigkeiten, die sich aber als Stürme im Wasserglas entpuppen. Sie stehen ihren Ehepartnern zur Seite, und ihr Heim durchdringt eine fröhliche Atmosphäre.

Um das Sexleben der Bananen-Liebhaber muß man sich nicht sorgen – das läuft wie am Schnürchen! Männer und Frauen sind gesund, solange sie keine Eß- oder Trinkgewohnheiten entwickeln, die ihren Magen schädigen könnten.

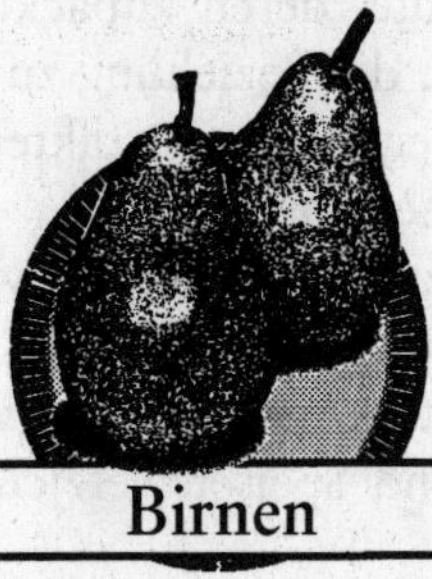

Birnen

Birnen-Bevorzuger plaudern charmant und originell

Arbeit und Reichtum

Früher war die Birne Symbol für den Herbst und, weil sie sehr schnell faulte, ein typisches Saisonobst. Inzwischen gibt es übers ganze Jahr Birnen aus dem Gewächshaus, wobei Sie, wie bei allen Früchten, die im Freien gereiften bevorzugen sollten.

Wer auf Birnen steht, kommt mit ererbtem Reichtum so la-la zurecht, hat aber Mühe, es aus eigener Kraft zu Wohlstand zu bringen. Bekommt der Birnen-Fan allerdings genügend Unterstützung und rafft seine Energien zusammen, sorgt er sehr gut für seinen Lebensunterhalt. Als faszinierender und origineller Plauderer genießt er hohe Popularität.

Liebe und Familie

Ein Birnen-versessener Mann, der sich verliebt hat, steuert zielstrebig auf den Traualtar zu. Die Birnen-Frauen haben keinerlei Augen für andere Männer – die Liebe setzt ihnen Scheuklappen auf. Deswegen sind Birnen-Beißer treue Eheleute, deren zupackende Art sie indes manchmal verleitet, die Beziehung zu sehr kontrollieren zu wollen – ein negativer Charakterzug, den sie sich dringend abgewöhnen sollten.

Ihr Sexleben ist zufriedenstellend, wenn auch nicht rekordverdächtig. Wie bei allen Obst-Liebhabern gibt ihnen die Gesundheit keinerlei Anlaß zur Klage, solange sie auf Getränke und Speisen verzichten, die ungesund sind.

Erdbeeren

Keine Stellungskünstler, aber enorm standfest!

Arbeit und Reichtum

Reif und frisch von Baum oder Strauch gepflückt munden alle Früchte deliziös, aber nichts geht über die Wonnen eben gesammelter Erdbeeren. Schade, daß auch Erdbeeren ihren saisonalen Charakter verloren haben! Aus den Blattachseln des Rosengewächses gehen im Frühling die Blütenstände, im Sommer die Ausläufer hervor. Walderdbeeren haben kleinere Früchte mit um so betörenderem Duft.

Wer für Erdbeeren schwärmt, ist aufrichtig, vertrauenswürdig und ein guter Zuhörer. Diese Menschen werden von ihrer Geburt an vom Glück begleitet, vor allem wenn sie auf die Sterne vertrauen. Das mag teilweise mit ihrem attraktiven Äußeren zusammenhängen: Sie sind oft hübsch und bezaubernd wie die roten Früchtchen selbst – und genauso beliebt und umschwärmt. Diese Erfolgstypen sind geborene Führungspersönlichkeiten. Häufig wirken sie zu ernst, ein bißchen mehr Humor stünde ihnen gut.

Liebe und Familie

Männer mit einer Schwäche für Erdbeeren wünschen sich, bald im Ehehafen zu ankern, und wenn sie eine geeignete Kandidatin gefunden haben, riskieren sie nichts, was ihre diesbezüglichen Aussichten schmälern könnte. Während sie viele männliche Kumpel haben, mögen Frauen sie wegen ihrer aufdringlichen Art zunächst nicht sonderlich. Je nach Erziehung dringt ihr guter Charakter jedoch früher oder später durch und verbessert ihre Chancen beim anderen Geschlecht. Erdbeeren-versessene Frauen dagegen sind auf ihrer Suche nach einem Partner defensiv und haben nicht selten Pech in der Liebe. Generell verläuft das Leben dieser Menschen ähnlich dem ihrer Eltern – friedlich und ohne besondere Vorkommnisse. Obwohl im Bett bei weitem keine Stellungskünstler, beweisen Erdbeeren-Schlemmer erstaunliches Durchhaltevermögen, das sie niemals im Stich zu lassen scheint.

Wer seine Erdbeeren ohne Zucker ißt und auf die richtige Kombination von Nahrungsmitteln Wert legt, wird von schweren Krankheiten verschont und mit einer tadellosen Gesundheit belohnt.

Feigen

Feigen-Freunde schwimmen oft im Geld

Arbeit und Reichtum

Nachdem Adam und Eva von der verbotenen Frucht gegessen hatten, wurden sie sich ihrer Nacktheit bewußt und flochten sich jeder einen Lendenschurz aus Feigenblättern. Auch die Frucht selbst findet in der Bibel Erwähnung, wenn es im Hohelied Salomos heißt: »Sieh doch: Die ersten Feigen werden reif; die Reben blühn, verströmen ihren Duft.« In der westlichen Zivilisation gilt die Feige von jeher als Fruchtbarkeitssymbol. Die eßbare Frucht schmeckt süß und vollmundig.

Feigen-Freunde besitzen eine gute Auffassungsgabe und ein ausgezeichnetes Differenzierungs- und Erinnerungsvermögen. Dank ihres angeborenen Taktgefühls können sie gut mit Menschen umgehen, und sollte keine unvorhersehbare höhere Gewalt sie daran hindern, dürfen sie sich auf ruhmreiche späte Jahre freuen. Mit anderen Worten: Ihr Glücksfaktor wächst von Jahr zu Jahr und mit ihm ihr geschäftlicher Erfolg. Die angenehme Folge: Sie schwimmen oft im Geld.

Liebe und Familie

Feigen-faszinierte Männer tragen in Herzensdingen häufig etwas zu dick auf, während die Frauen nicht zögern, den ersten Mann, in den sie sich verlieben, auch zu heiraten. Die Männer sind fast perfekte Ehegatten, mit der Einschränkung, sich Kritik und Belehrungen nicht verkneifen zu können. Die Frauen haben einen ausgeprägten Sinn für Humor und lieben es, ihre Männer zu verwöhnen – sie sind eindeutig die bessere Hälfte. Beide Geschlechter bleiben ein Leben lang sexuell aktiv und erreichen ein hohes Alter. Solange sie nicht zuviel Fleisch essen, könnte es um ihre Gesundheit kaum besser bestellt sein.

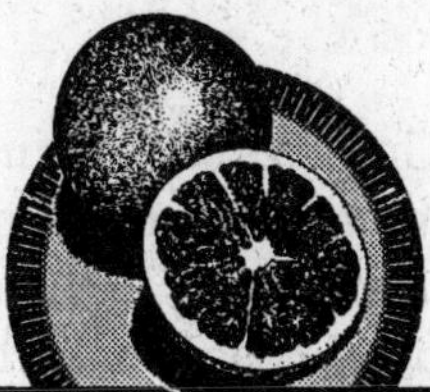

Grapefruit

Grapefruit-Fans gehen nur nach dem Äußeren

Arbeit und Reichtum

Einige Leute finden den bitteren Geschmack der Grapefruit viel zu sauer, für andere verkörpert sie eine spritzige Portion Sonnenschein. Versuchen Sie, das natürliche Grapefruit-Aroma zu mögen, statt es mit vielen Löffeln Zucker zuzudecken.

Auf grobe Planungen verstehen sich Grapefruit-Fans im allgemeinen sehr gut, leider vernachlässigen sie oft die Details. Energisch, trinkfest und dickbäuchig haben sie etwas von der Figur des Falstaff, der mit Tricks und Schwindeleien jedes noch so kleine Hindernis zu umschiffen versucht. Obwohl ihnen das Schicksal ab der Lebensmitte besser gesonnen ist, präsentiert sich ihre Lage nicht immer rosig: Sie müssen Rückschläge – auch materielle – hinnehmen, und so herrscht oft Ebbe in ihrer Kasse.

Auf gesellschaftlichem Parkett bewegen sie sich souverän. Zunächst ruhig und sanft wirkend, tritt bei näherem Hinsehen ihr eiserner Wille zutage, der mitverantwortlich sein mag, daß sie bei ihren Geschlechtsgenossen nicht sonderlich beliebt sind. Grapefruit-Genießern sind eine gute Gesundheit und ein langes Leben beschieden.

Liebe und Familie

Die Männer der Grapefruit-Gemeinde sind exzellente Schauspieler in Liebesangelegenheiten, aber da sie nicht mit dem Herzen bei der Sache sind, schaden sie sich damit selbst. Die Frauen setzen auf Verbindungen, die weniger geistig als körperlich orientiert sind. In der Ehe verwandeln sich die Männer in egoistische Tyrannen. Ihre sexuelle Vitalität fällt nach der Lebensmitte jäh ab. Auch die Frauen verlieren, nachdem sie ihren Lebenspartner gefunden haben, das Interesse an Sex und Erotik. Dies hat den Vorteil, daß sie ihre Gatten nicht betrügen und ihre Ehen, zumindest was die Treue angeht, glücklich sind.

Honigmelone

Honigmelonen-Helden sind keine Schürzenjäger

Arbeit und Reichtum

Weil die Honigmelone relativ teuer ist, gilt sie in Japan mehr oder weniger als Obst der gehobenen Kreise. Das wahre Geheimnis ihrer Beliebtheit sind ihr Duft und ihr süßes Fruchtfleisch.

Honigmelonen-Heilsucher haben Unternehmergeist, praktisches Talent und einen scharfen Verstand. Aufgaben erledigen sie in der richtigen Reihenfolge. Sie sind zäh, rappeln sich nach Tiefschlägen schnell wieder auf und bringen ihr Projekt dann zielstrebig zu Ende. Ihr Lebensweg ist mit Glück gepflastert, auch wenn ab und zu ein paar Stolpersteine auftauchen.

Liebe und Familie

Männliche Honigmelonen-Helden besitzen viel Selbstachtung – sie sind deshalb keine Schürzenjäger, sondern warten geduldig, bis sie ihrer Traumpartnerin begegnen. Könnte man die Gedanken dieser undurchschaubaren Burschen lesen, würde man erfahren: Sie feilen an einer Strategie, wie sie dem Objekt ihrer Zuneigung möglichst schnell einen Ehering überstreifen können. Die weibliche Abteilung hat gute Freunde, und wenn sich diese Frauen verlieben, dann Hals über Kopf. Am Anfang scheint alles perfekt, aber bald regen sich erste Zweifel, ob sie wirklich das Richtige tun.

Die Männer könnten mehr Humor vertragen, wenigstens machen sie keinen Hehl aus der Zuneigung für ihre Frauen. Auch die Frauen verhalten sich dem Partner gegenüber warm und liebevoll – sie sind ihm eine wertvolle Stütze. Mit starker Libido ausgestattet, passen sie sich den Wünschen des Partners an. Beide Geschlechter leben lange.

Kastanien

Im Nörgeln ist die schüchterne Kastanien-Liebhaberin sehr beredt

Arbeit und Reichtum

Im Spätherbst und Winter, vor allem in der Adventszeit, haben Eßkastanien Saison. Selbst in Japan sieht man im winterlichen Straßenbild inzwischen dickvermummte Maroni-Verkäufer, die frisch geröstete Edelkastanien feilbieten. Eine Delikatesse, die weihnachtliche Düfte verströmt!

Die detailversessenen Kastanien-Freunde machen oft als Erfinder von sich reden. Sie haben ein gutes Gedächtnis, und Männer wie Frauen sind effektive Entscheider. Sie überzeugen als Geschäftsleute und Manager. Als Freunde nehmen sie sich viel Zeit, die Probleme anderer ausführlich zu diskutieren. Obwohl sie selten Sensationelles leisten, ist ihnen in der Regel ein sorgenfreies, glückliches Dasein beschieden.

Liebe und Familie

Diese vorsichtigen Charaktere verlieben sich fast nie Hals über Kopf. Kastanien-verrückte Frauen können über beide Ohren verliebt sein – sie würden ihre Gefühle nie preisgeben. Kastanien-Freunde sind gute Eheleute und Eltern, deren Lebensmittelpunkt die Familie bildet. Obwohl die Ehefrauen eher schüchtern und reserviert sind, neigen sie zum Nörgeln und Lamentieren.

Männliche Kastanien-Kauer sind gut im Bett und genießen den Sex, solange sie leben – was länger ist als der Durchschnitt. Ihr mittelgroßer Körper ist gut proportioniert. Sie werden nicht krank, sofern sie nicht zuviel Alkohol trinken. Auch die Frauen sind generell gesund, müssen sich aber vor niedrigem Blutdruck und Autointoxikation, einer Selbstvergiftung des Körpers durch toxische Stoffwechselprodukte, in acht nehmen.

Kirschen

Mehr Humor stünde Kirschen-Freunden gut

Arbeit und Reichtum

Diese Früchte bringen den Frühsommer auf die Zunge. Was für ein hübscher Anblick ist ein gedeckter Gartentisch mit einer Schüssel voller Kirschen darauf, die rubinrot in der warmen Sonne funkeln!

Die wortkargen, aber vertrauenerweckenden Charaktere der Kirschenliebhaber sind gewissenhafte Denker, die meist zurückgezogen leben. Mit Parties und Jet-set können sie nicht viel anfangen. Projekte ziehen sie systematisch Schritt für Schritt durch. Ihre Zukunft sieht rosig aus, wenn sie die Arbeit ihrer Eltern fortsetzen.

Liebe und Familie

Kirschen-versessene Männer sind in Liebesangelegenheiten oft übertrieben zurückhaltend und stecken manche Niederlage ein. Auch ihr weibliches Pendant ist nicht sehr offensiv. Im Hafen der Ehe verbringen Kirschen-Kulinariker friedliche Tage der Harmonie – ihr Beziehungshimmel wird von keinem Gewitterwölkchen getrübt. Oft fehlt es ihnen an Humor, was ihre Ehepartner gar nicht lustig finden. Dieses Manko wiegen sie durch Glanzleistungen im Bett auf – im Geben von Streicheleinheiten sind sie genauso gut wie im Nehmen. Solange sie nicht zuviel essen oder trinken, besteht kein Grund zur Furcht vor schweren Krankheiten. Kirschen-Freunde erreichen ein hohes Alter.

Mandarinen

Mandarinen-Freaks denken klar und analytisch

Arbeit und Reichtum

Mandarinen werden in Japan im Herbst und Winter gegessen, wenn die Familie Türen und Fenster vor dem ungastlichen Wetter verschließt und es sich in der guten Stube gemütlich macht. Wer haufenweise Mandarinen vertilgt, besitzt wegen ihres hohen Vitamin C-Gehalts ein widerstandsfähiges Immunsystem.

Mandarinen-Freaks denken klar und analytisch, was sie für den Beruf des Wissenschaftlers oder Universitätsprofessors prädestiniert. Mit ihren Mitmenschen verstehen sie sich gut. Sie bringen es eigentlich in jedem Beruf, den sie über einen langen Zeitraum ausüben, zu imponierendem Erfolg. Das Glück lacht ihnen mit jedem Tag mehr.

Liebe und Familie

Mandarinen-futternde Männer suchen sich eine Frau, die gut zu ihnen paßt, und verwöhnen sie mit Zuneigung und Wärme. Die Frauen sind oft zu kühl und logisch – es fällt ihnen schwer, sich zu verlieben. Beide Geschlechter führen ein zufriedenes Familienleben, hin und wieder legen sie ein etwas despotisches Verhalten an den Tag. Ihre sexuelle Ausdauer sprengt alle Erwartungen – sie sind einfach unermüdlich! Ihre Gesundheit ist durch nichts zu erschüttern, auch wenn sie nicht immer so aussehen. Sie werden in der Regel sehr alt.

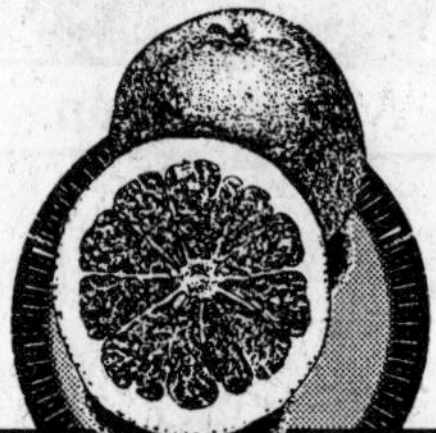

Orangen

Der Orangen-Liebhaber ist bescheiden und charmant

Arbeit und Reichtum

Gemeinsam mit Grapefruit, Mandarine und Zitrone gehört die Orange zur Familie der Zitrusfrüchte. Ihr spritziger Geschmack erfrischt die Zunge, und sie enthält eine Power-Dosis Vitamine. Bei Erkältungen und Grippe sollte man viel frisch gepreßten Orangensaft trinken.

Orangen-Liebhaber sind tüchtige Arbeiter und klare Denker. Andere Menschen halten große Stücke auf sie. Ihre Bescheidenheit zählt zu den attraktivsten Merkmalen dieser charmanten Zeitgenossen. In kundendienstbezogenen Tätigkeiten sind sie bestens aufgehoben. Bis zum mittleren Lebensabschnitt müssen sie sich in Geduld fassen, dann wendet sich ihr Blatt zum Positiven. Hinweis an die Zitrusfrüchte-Fraktion: Ihr Wohlstand vermehrt sich langsam, aber sicher – der Geduldige wird am Ende belohnt!

Liebe und Familie

Statt auf Frauenjagd zu gehen, bleibt der Orangen-verrückte Mann passiv. Charakteristisch für die Damenwelt ist ihr präzises Urteilsvermögen – sich blind zu verlieben, kommt für diese Evas nicht in Frage. Dem Betrachter bietet die Orangen-Familie ein Bild der Harmonie, doch hinter der Fassade lauern oft versteckte Probleme. Ihre tiefen Gefühle machen sie anfällig für Eifersucht.

Gegen die sexuelle Kraft der Orangen-Verbündeten ist nichts einzuwenden – außer, daß ihre Glut enttäuschend schnell verlischt. Ihr gesunder Körper braucht nicht lange, um nach Krankheiten wieder fit zu werden, und ihre Lebenserwartung ist relativ hoch.

Papaya

Papaya-Schwelger sind Sexprotze

Arbeit und Reichtum

»Wenn die Orangen golden sind, werden die Gesichter der Ärzte blaß!« Dieses japanische Sprichwort ließe sich ebenso gut auf die reife Papaya übertragen, denn auch

Papaya-Schwelger werden selten krank und brauchen fast nie einen Arzt. Wer Papaya mag, ist intelligent und ein guter Freund. Manchmal legen die Papaya-Partisanen indes eine Penetranz an den Tag, die viele Freunde abschreckt. Ihr Leben verläuft durchschnittlich, ohne nennenswerte berufliche Erfolge. Ihr Wohlstand ist moderat.

Liebe und Familie

Papaya-faszinierte Männer verlieben sich oft und heftig – die Ernüchterung folgt meist auf dem Fuß. Solange ledig, geben die eher schüchternen Frauen selten preis, was sie bewegt. In den Ehen herrschen Blitz und Donner. Kein Wunder: Die Männer sehen auf ihre Frauen herab, und die Frauen sind unablässig am Meckern und Nörgeln.

Papaya-Schwelger strotzen vor sexueller Energie und Ausdauer. Sex ist für sie Genuß und Befriedigung pur, und dies kosten sie voll aus, solange sie leben – und das ist in der Regel ziemlich lange!

Pfirsiche

Pfirsich-Fans blühen auf, wenn man ihr Potential erkennt

Arbeit und Reichtum

Die runden, fleischigen Früchte stammen ursprünglich aus China. Vor dem Laub der Pfirsichbäume erscheinen im Frühling rosarote Blüten. Der Held einer japanischen Volkssage heißt Momotaro (Pfirsichjunge) und ist rosig und heiter wie ein Pfirsich.

Pfirsich-Freunde sind schnelle Denker und haben ein gutes Urteilsvermögen. Obwohl nicht sehr gesellig, geben sie verläßliche Freunde ab. Wenn sie jemanden finden, der sie antreibt und unterstützt, sind sie im Beruf erfolgreich. Pfirsich-Fans blühen auf, wenn man ihr Potential entdeckt und würdigt.

Liebe und Familie

Vielleicht sind sie einfach zu wählerisch, jedenfalls sagt man Pfirsich-verzückten Männern nach, sich bei der Partnersuche von zu hohen Idealen leiten zu lassen. Die Frauen interessieren sich nicht besonders für Liebe und Romantik. Als Eheleute und Eltern sind beide Geschlechter vorbildlich, sie behandeln alle Familienmitglieder mit Respekt und sorgen für ein schönes Heim. Nur manchmal erliegt ein Pfirsich-Freund dem Drang, abends zu oft um die Häuser zu ziehen.

Sowohl Männer als auch Frauen sind gut im Bett. Sie werden selten krank, sollten sich aber keine Schlemmerorgien leisten. Einen Großteil ihres Lebens erfreuen sie sich bester Gesundheit.

Wassermelonen

Die Wassermelonen-Clique: Als Ehepartner und Eltern ungeschlagen

Arbeit und Reichtum

Im Sommer hat die Wassermelone Saison. Seitdem sie erstmals aus dem tropischen Asien importiert wurde, gelang es Züchtern, den Geschmack der japanischen Wassermelone zu verbessern. Wegen ihres Wasserreichtums wurde die grünschalige Frucht mit den eßbaren Samen lange Zeit als Therapie bei Nierenfunktionsstörungen verordnet.

Wassermelonen-Schwärmer sind durchschnittlich begabt. Man findet sie sympathisch, nicht zuletzt weil sie sehr gesellig sind. Ihr Glücksfaktor ist zufriedenstellend, verbessert sich im Alter, aber bis dahin unterläuft ihnen leider manch grober Fehler. Sie sollten Berufe wählen, in denen sie mit Gleichgestellten zusammenarbeiten – für Führungspositionen eignen sie sich weniger.

Liebe und Familie

Die Liebe des männlichen Wassermelonen-Essers braucht lange, um zu reifen. Auch die Frauen lassen sich nicht zu voreiligen Liebesbeteuerungen hinreißen, wenn sie sich allerdings ihrer Gefühle sicher sind, weichen sie dem Partner nie mehr von der Seite. Sie machen keinen Hehl aus der tiefen Liebe, die sie füreinander empfinden. Ihren Kindern gegenüber stets fröhlich und zu jeder Hilfe bereit, sind sie als Eltern ungeschlagen.

Die Wassermelonen-Clique ist gut im Bett, ihre Sexualität gestaltet sich über viele Jahre hinweg angenehm. Ein intakter Stoffwechsel und eine robuste Immunabwehr sorgen dafür, daß sie selten krank werden. Wenn sie ihren Körper respektieren, leben sie lange.

Wer Weintrauben liebt, dem lacht das Glück

Arbeit und Reichtum

Weintrauben sind ein wohlschmeckender, delikater Genuß. Die unterschiedlichen Sorten werden zu diversen Weinen verarbeitet, die auch in Japan, besonders von jungen Leuten, immer häufiger getrunken werden.

Der vorsichtige Weintrauben-Liebhaber ist ständig damit befaßt, Vorsorge für sein Alter zu treffen. Er ist intelligent – ein gewissenhafter Planer und eine qualifizierte Führungskraft. Besonders wenn sie unterstützt werden, lacht diesen Menschen das Glück. Sie durchleben einige Hochs und Tiefs, aber am Ende wendet sich alles zum Besten – sie sollten nichts überstürzen.

Trauben-träumende Männer verstehen sich auf soziale Kontakte und die Kunst der Konversation. Das weibliche Pendant ist sanftmütig, gelassen und beliebt. Die Männer sollten Politiker oder Verkaufsprofis werden, während sich die Frauen als Unternehmerinnen sehr gut behaupten.

Liebe und Familie

Männer mit einem Faible für Weintrauben scheinen in Liebesdingen oft leichtfertig zu sein, was nur daran liegt, daß sie mit anderen so gut auskommen. In Wahrheit sind sie wachsam und vorsichtig – Eigenschaften, die häufig als Kälte und Berechnung angekreidet werden. Dabei spricht die Tatsache, daß sie sich nicht zum Narren halten lassen, nur zu ihren Gunsten. Trotzdem sollten sie etwas mehr Humor zeigen. Die Weintrauben-betörte Frau ist manchmal so ruhig und zurückhaltend, daß sie langweilig wirkt und so manche Chance auf ein Liebesglück versäumt. Auf lange Sicht genießt sie trotzdem den größten Glücksfaktor aller Frauen.

Ehefrauen zweifeln mitunter an der Alltagstauglichkeit ihrer Trauben-Männer, die sich nicht genug um die finanziellen Angelegenheiten der Familie kümmern. Umgekehrt hat die Trauben-goutierende Ehefrau alles im Griff. Das Sexleben beider Geschlechter ist in Ordnung, wobei sie leider recht früh ausbrennen. Die gutgebauten Männer und kräftigen Frauen haben eine hohe Lebenserwartung.

Zitronen

Dem Zitronen-Zombie platzt manchmal der Kragen

Arbeit und Reichtum

Zitronenscheiben dienen oft als Garnitur für Fisch und andere Kulinarien. Schade, daß das säuerliche Beiwerk meist ignoriert wird! Sie sollten stets ein paar Spritzer Zitrone auf Ihr Essen oder in Ihr Getränk träufeln, weil die enthaltenen Vitamine mögliche Negativeffekte neutralisieren. Außerdem gelangt das Aroma vieler Gerichte durch Zitrone erst zur vollen Entfaltung.

Zitronen-erpichte Männer brausen leicht auf, aber nie so extrem, daß sie sich Feinde verschaffen. Jeder hat einen wunden Punkt, da bilden die Zitronen-Zombies keine Ausnahme. Allen platzt mal der Kragen.

Die Frauen der Zitronen-Gemeinde setzen sich für andere ein und opfern viel Zeit für deren Bedürfnisse. Dabei tendieren sie dazu, ihren Willen mit Macht durchsetzen zu wollen, was ein Plus sein kann, solange sie es nicht übertreiben. Mit Intelligenz und Cleverness bringen es Zitronen-Gourmets zu beachtlichem Wohlstand.

Liebe und Familie

Zitronen-Freunde widmen sich ihren Beziehungen mit sehr viel Ernst. Ihre Verkniffenheit kann den Ehepartner allerdings auch auf die Palme bringen. Manchmal übertreiben sie ihre Eifersucht so sehr, daß die Verbindung dauerhaften Schaden nimmt.

Die Zitronen-Gemeinde ist gut im Bett, bedauerlicherweise nicht lange: Mit zunehmendem Alter schwinden ihre Kräfte. Bei Verzicht auf zuviel Fleisch erreicht sie ein sehr hohes Durchschnittsalter.

Fisch & Meeresfrüchte

Austern

Ein glückliches Händchen in Sachen Geld und Beruf

Arbeit und Reichtum

Die berühmten Hiroshima-Austern werden heutzutage per Flugzeug in die Metropolen Osaka, Kobe, Kyoto und Tokio geliefert. Wir Japaner lieben frische, rohe Austern. Man sollte sie nur auf einer Seite leicht anbraten, statt sie zu zerkochen, bis sie weich und labberig sind. Nur so kann man ihren hohen Nährwert erhalten. Natürlich geht nichts über rohe Austern mit einem Schuß Essig oder Zitrone – ein ultimatives Gaumenerlebnis!

Austern-Anbeter sind logische Denker, die über gute Urteilskraft und analytische Fähigkeiten verfügen. Sie wollen erst die Hintergründe verstehen, bevor sie handeln. Ihr »runder« Charakter weckt Sympathien; ihr einziger Fehler: hin und wieder eine Spur Arroganz. Neugierig wie sie sind, tun sie oft interessante Jobs für sich auf. Ob allein oder im Team – diese Systematiker arbeiten immer erfolgreich. Sie geben gute religiöse oder politische Führer ab. Trotz ihrer freundlichen Art traut man ihnen nicht absolut, denn manchmal gelten sie als zu materialistisch. An Wohlstand fehlt es ihnen nie.

Liebe und Familie

In der Liebe zeigen sich Austern-anhimmelnde Männer als brillante Strategen: Sie kennen alle Tricks und Finessen, um das weibliche Geschlecht für sich einzunehmen. Ihre »Mission« erkennt man in ihrem Gesicht – und die Damenwelt reagiert entzückt. Weibliche Austern-Gourmets sind schon früh überzeugt, den Mann heiraten zu müssen, in den sie sich verlieben. In der Ehe bringen sie unendliches Verständnis auf, und so herrscht in ihren vier Wänden eitel Sonnenschein. Männer und Frauen sind keusch und treu, ihre Nörgeleien geben manchmal Anlaß zu Ärger. Sie brauchen länger, um sexuell in Fahrt zu kommen, aber dann funktioniert der Sex ohne Probleme.

Austern-Gourmets sind gesund und selten krank. Wenn sie auf eine vernünftige und ausgewogene Ernährung achten, besitzen sie eine lange Lebensdauer.

Hering

Macht aus einer Mücke einen Elefanten: der Hering-Huldiger

Arbeit und Reichtum

»Siehst du den ersten Kuckuck auf dem Berg Aoba, weißt du, daß der Hering unterwegs ist« – so lautet ein japanisches Sprichwort sinngemäß, das auf die Wanderfreudigkeit dieser Fischgattung anspielt. Dem Hering kommt auch in Nordeuropa und Kanada eine wichtige Rolle zu.

Der Hering-Huldiger ist emotional und aufbrausend, macht aus jeder Mücke einen Elefanten. Er hegt starke Vorlieben und Abneigungen, und seine vielen Freunde verachtet er manchmal insgeheim. Das Schicksal ist ihm selten wohlgesonnen, sein Glücksfaktor liegt leider unter dem Durchschnitt. Hering-Verrückte machen oft Fehler und verfluchen dann ihr Pech. Im Beruf setzen sie auf Eigendynamik. Sie sind gewandte – manchmal streitsüchtige – Händler und Verkäufer.

Liebe und Familie

Hering-Freunde sind Idealisten. Ihr Weltbild ändert sich von Tag zu Tag: mal optimistisch, mal pessimistisch. Sowohl Männer als auch Frauen setzen dem Partner Hörner auf. Die Männer versuchen das zu kaschieren, indem sie sich der Angetrauten gegenüber zuckersüß zeigen. Solange beide den Mund halten, ist ihr Familienleben im Lot, aber wehe, es geht los mit dem Gemecker! Die Ehemänner sind lausige Liebhaber, die Frauen schnell lustlos. Wer für eingelegte Heringe schwärmt, sollte nicht zuviel Salz konsumieren. Das schadet der Gesundheit und dem Wohlbefinden.

Hummer/Garnelen

Liebhaber dieser Krustentiere sind vornehm und elegant

Arbeit und Reichtum

Mit ihrem gewölbten Panzer und dem langen »Schnurrbart« gelten Hummer als Großväter der Meere. In Japan dienen sie seit Urzeiten als Symbol für ein langes Leben.

Liebhaber von Hummern und Garnelen besitzen eine vornehme, elegante Erscheinung. Sie haben viele Freunde – die meisten davon gehören zum anderen Geschlecht. Man faßt schnell Vertrauen zu ihnen. Sie besitzen ein klares Urteilsvermögen, Lappalien bringen sie nicht aus der Ruhe. In jungen Jahren mit mancher Prüfung konfrontiert schwimmen sie später auf der Erfolgswelle. Auch finanziell geht es im Alter bergauf, so daß sie nur Geduld haben und langsam, aber sicher ihr Schäflein ins trockene bringen müssen.

Es besteht die Gefahr, daß die Hummer- und Garnelen-Fraktion zu egozentrisch wird. Wenn sie sich aber vorsieht, wächst sie in Krisenzeiten über sich hinaus und häuft mit den Jahren immer mehr Wohlstand an. Aus ihr gehen kompetente Ärzte und Politiker hervor sowie erfolgreiche Autoren, Verleger und Künstler.

Liebe und Familie

Männer mit einer Schwäche für Krustentiere sind der Liebe ihres Lebens treu ergeben. Von Begabung, Intelligenz und Schönheit der Hummer-hörigen Frau fühlen sich die Männer manchmal überwältigt. Deshalb heiratet die Hummer-Liebhaberin erst spät – meistens einen reichen Mann von Welt. Das Familienleben verläuft friedlich. Beide Geschlechter besitzen eine stark ausgeprägte Sexualität. Ihre Gesundheit läßt sie ihr Leben lang nicht im Stich.

Die Jünger der Jakobsmuschel sind Stehaufmännchen

Arbeit und Reichtum

Jakobsmuscheln sind ein gern gesehener Gast bei japanischen Grillabenden. Manche schwenken sie in Butter und Salz, obwohl beides, wie wir inzwischen wissen, das körperliche und mentale Wohlbefinden stören kann. Wir sollten unsere Geschmacksnerven darauf trainieren, die kostbaren Schätze aus Flüssen und Meeren in ihrer unverfälschten Form zu genießen.

Jakobsmuschel-Jünger sind gescheite Köpfe; es fällt ihnen leicht, zu lernen und komplexe Zusammenhänge zu begreifen. Ihren Erfolg verdanken sie vor allem ihrer systematischen Arbeitsweise. Auf Managementebene überzeugen sie mit Einsatz, Fleiß und Resultaten. Manchmal unterlaufen ihnen unfreiwillig Fehler, aber davon lassen sie sich nicht unterkriegen – sie sind typische Stehaufmännchen.

Ihr ruhiges, ausgeglichenes Wesen gefällt den Mitmenschen, und man vertraut ihnen, obwohl sie kaum auf andere zugehen. Leben und leben lassen ist ihre Devise. Sie beziehen meist ein stattliches Gehalt und eignen sich gut als Manager oder Abgeordnete.

Liebe und Familie

Trotz ihres abgeklärten Charakters läuft es in der Liebe selten so, wie es sich Männer, die für Jakobsmuscheln schwärmen, wünschen. Das liegt daran, daß sie ihre Partnerin zwingen wollen, nach ihrer Pfeife zu tanzen, in Liebesdingen also sehr selbstsüchtig sind.

Die Frauen haben meist ein attraktives Äußeres und ernten viel Aufmerksamkeit, was ihr Selbstbewußtsein hebt. Später gehen sie in der Mutterrolle auf. Sie kennen ihre Grenzen, und das macht sie begehrenswert. Am Anfang sind sie Feuer und Flamme für ihren Ehemann, doch dann schlägt ihr sexuelles Interesse in Lethargie um. Allgemein ist den Jakobsmuschel-Freunden ein befriedigendes, aber nur kurzes Sexleben beschert.

Beide Geschlechter sind gesund und werden relativ alt.

Kabeljau

Kabeljau-Freunde sind rührselige Sentimentalisten

Arbeit und Reichtum

Der Kabeljau gehört zur Familie der Dorsche und ist in den nordöstlichen Regionen Amerikas besonders populär. Dort hat der Kabeljaufang eine sehr lange Tradition, und das Flossentier wurde sogar zu einem Wahrzeichen Massachusetts'.

Kabeljau-Freunde besitzen Wagemut und eine reiche Palette an Talenten. Es fehlt ihnen nicht an Freunden. Warmherzig und gutmütig, sind sie oft rührselige Sentimentalisten. »Ladies« und »Gentlemen« im klassischen Sinne trifft man im Kabeljau-Clan häufig. Diese Charaktere sind ruhig, unkompliziert, über die Maßen hilfsbereit und beileibe nicht schüchtern.

Im Beruf schlagen sie einen Do-it-yourself-Kurs ein und scheuen keinen Einsatz. Doch die Kabeljau-Esser haben auch stark entwickelte Präferenzen und Abneigungen – wenn der Job ihnen Spaß macht, glühen sie vor Ehrgeiz und verblüffen mit steiler Karriere; zwingt man sie zur Unterordnung, dümpeln sie für immer im Mittelfeld.

Liebe und Familie

Kabeljau-begeisterte Männer sind sehr emotional. Sie müssen lernen, ihre erotischen Begierden zu bremsen. Obwohl sie ihre Frauen angeblich lieben, unterhalten sie oft heimlich einen kleinen Harem.

Kabeljau-geneigte Frauen verlieben sich erst Hals über Kopf, dann kühlen ihre Gefühle kontinuierlich ab. Nach der Lebensmitte löst sich ihre Libido in Wohlgefallen auf – zur selben Zeit gerät auch ihre Ehe heftig ins Wanken. Auch die sexuelle Kraft der Männer schwindet jenseits der Vierzig.

Sowohl Männer als auch Frauen sollten ihre Gesundheit im Auge behalten. Andernfalls müssen sie sich unter Umständen auf einen frühen Tod gefaßt machen.

Katzenfisch

Unnahbar und verstockt: Von Konversation hält der Katzenfisch-Fan nicht viel

Arbeit und Reichtum

In Japan nicht sehr populär, ist der Katzenfisch umjubelter Star in den Töpfen und Pfannen des amerikanischen Südwestens. Fragt man die Leute dort nach ihren Plänen fürs Wochenende, hört man oft: »Mit Freunden zum Katzenfisch-Angeln gehen.«

Katzenfisch-Fanatiker sind aufgeschlossen und vertrauenswürdig. Sie sind nicht dumm und lieben es, ihren

Mitmenschen zu helfen. Dennoch schätzt man sie oft als verschlossen und unnahbar ein. Wer allerdings ihre kühle Fassade durchdringt, entdeckt ein warmes Herz. Mit harter Arbeit und zähem Einsatz bringen es diese einfachen Leute früher oder später zu ansehnlichem Wohlstand und beruflichem Erfolg. Speziell für Projekte, die Eigeninitiative verlangen, eignen sie sich ideal, hier scheinen ihre Energiereserven unerschöpflich. Sie sollten Berufe wählen, in denen sie ihre individuellen Begabungen in die Waagschale werfen können. Dann erklimmen sie Sprosse für Sprosse der Karriereleiter und häufen ab der Lebensmitte ein erkleckliches Vermögen an. Im Alter bauen diese Menschen oft abrupt ab.

Liebe und Familie

Männer, die sich nach Katzenfisch verzehren, zögern bewußt lange, bis sie sich der Partnerin öffnen, was ihnen mitunter den Vorwurf der List und Verschlagenheit einbringt. Auch die Frauen gelten manchmal als kalt und berechnend – alles andere als romantisch. Sie führen ein relativ normales Familienleben.

Wie viele andere Fischsorten sollte Katzenfisch in Maßen gegessen werden. Vermeiden Sie zu viele tierische Fette, und gönnen Sie Ihrem Körper als Ausgleich viel frisches Obst und Gemüse. Beherzigt der Katzenfisch-Kulinariker diesen Ratschlag, bleibt er bei guter Gesundheit.

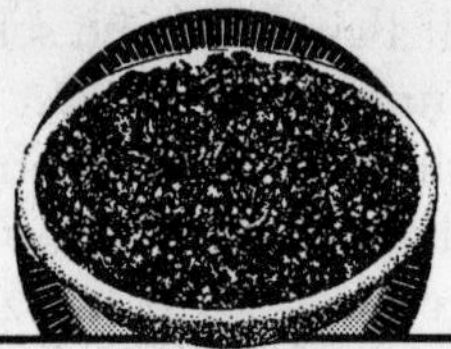

Kaviar

Der Kaviar-Gourmet: ein exzentrischer Sturkopf

Arbeit und Reichtum

Nicht umsonst werden die Eier des Störs als »goldene Diamanten« bezeichnet. Russischer Kaviar ist zur Delikatesse von Weltruhm avanciert. Für die Sorten Malossol und Beluga muß der Käufer tief ins Portemonnaie greifen. Kaviar-Genießer gelten als stur und exzentrisch. Mit starkem Willen gehen sie ihren eigenen Weg, und sofern sie ihren Job systematisch anpacken, werden sie mit großem Erfolg belohnt. Sie haben viele Freundschaften, die zu erhalten ihnen allerdings schwerfällt. In jungen Jahren tüchtig und arbeitsam, verebbt ihr Schwung ab der Lebensmitte allmählich. Eine Ausnahme bilden Führungspersönlichkeiten.

Liebe und Familie

Männliche Kaviar-Zungen vernaschen eine Geliebte nach der anderen – sie halten es nie lange in einer Beziehung aus. Anders die Frauen: Fleischliche Gelüste lassen sie relativ kalt. Ihre Unfähigkeit zur Lust führt zu Problemen mit den Ehemännern. Generell sind Kaviar-schlemmende Frauen unabhängiger als die Männer, oft werden sie sogar berühmt. Im Liebes- und Familienleben des Kaviar-Klüngels geht es meist stürmisch her.

Wenn sie ihren Alkoholgenuß einschränken, fettiges Essen und Übergewicht vermeiden, genießen Kaviar-Liebhaber ein langes Leben.

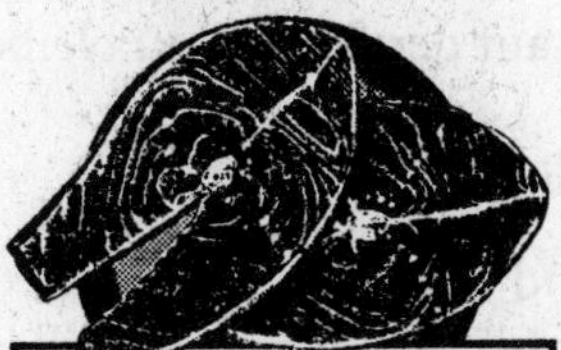

Lachs

Prahlt und schmollt viel – der männliche Lachs-Liebhaber

Arbeit und Reichtum

Der Lachs ist ein sowohl in Japan als auch in Amerika verbreiteter Raubfisch. Das Lachsweibchen, das sich flußaufwärts müht, um seine Eier abzulegen, verdient Bewunderung.

Leider verfügen Lachs-Liebhaber meist nur über durchschnittliche Intelligenz – ihr Gedächtnis ist schwach. Ihre unbeherrschte Schroffheit macht sie für das andere Geschlecht eher unattraktiv. Vor allem die Männer lehnen jede Form von Sanftmut oder Wärme als »weibisch« ab und sind selten in der Lage, andere aus vollem Herzen zu lieben.

Die Lachs-Lobby arbeitet extrem hart und schafft sich bis zur Lebensmitte ein gutes Vermögenspolster. Ab dann heißt es: finanzielle Einbrüche vermeiden und mit dem erarbeiteten Wohlstand sorgfältig umgehen. Auch wenn alle ihre Träume schon früh Wirklichkeit werden, sollten sie ihren Kurs beharlich fortsetzen, um keinen finanziellen Ruin zu riskieren.

Lachs-liebende Frauen sind beliebt, weil sie meist ein gutes Herz haben. Mitunter plagen sie insgeheim Probleme, die sie nie richtig zur Ruhe kommen lassen. Immer bereit, anderen zu helfen, müssen diese Frauen aufpassen, nicht selbst auf der Strecke zu bleiben.

Liebe und Familie

In der Liebe sind Lachs-anhimmelnde Männer reizbar und wehleidig zugleich – sie schmollen viel. Prahlend scheinen sie sich für den Nabel der Welt zu halten, dabei wissen ihre Frauen sehr genau, daß alles nur Show ist. Wenn sie sich nicht in Bescheidenheit üben, ist ihr Scheitern unausweichlich. Auch ihre Liebesschwüre sind oft nur aufgesetzt.

Frauen mit einer Lachs-Schwäche sind konservativ. Im Streit bringen sie oft ihre Mütter ins Spiel: »Meine Mutter hat das immer so gemacht, und ich mache es genauso.« Sie orientieren sich mit Vorliebe an der Masse. Die Liebe blinzelt ihnen häufig zu, aber es dauert eine Weile, bis sie voll erblüht.

In den ersten ein bis zwei Ehejahren der Lachs-Lobby regieren Harmonie und sexuelle Nähe, dann fangen die Auseinandersetzungen an. Ihr Bemühen, ihre Persönlichkeit besser auf den Partner abzustimmen, scheitert oft, sollte aber trotzdem eisern beibehalten werden.

Obwohl sie allgemein gesund sind, sollten sich Lachs-Liebhaber vor exzessivem Salzkonsum in acht nehmen und ihre Ernährung mit viel frischem Obst und Gemüse ausgleichen.

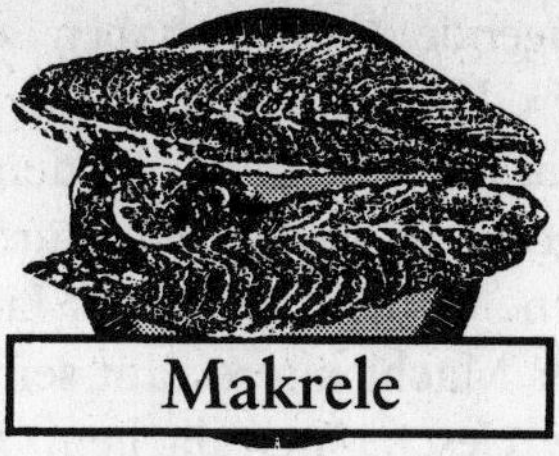

Makrele

Ihre Selbstverliebtheit vereitelt ihren Erfolg

Arbeit und Reichtum

Makrelen sind die schillernden Könige der Meere. Ein altes japanisches Buch schreibt: »Ihr Fleisch schmeckt süß, mit einer leicht säuerlichen Note. Sie sind bei noblen und niederen Schichten gleichermaßen beliebt.« Auf dem Fischmarkt kann man Makrelen von Frühling bis Herbst kaufen, die beste Zeit ist der Herbst.

Die Makrelen-Meute ist launisch und exzentrisch. Mit Grobheit und Unbesonnenheit verscherzen sie sich viele Sympathien. Gleichzeitig neigen sie zur Selbstverliebtheit, was weniger schlimm wäre, wenn sie tatsächlich etwas vorzuweisen hätten, auf das sie stolz sein könnten. Ihr Lebenshunger hält sich in Grenzen, sie stechen nicht aus der Masse hervor. Vor allem im Alter werden sie mit vielen Problemen konfrontiert.

Liebe und Familie

Makrelen-erbaute Männer sind oft Egoisten und Prahlhanse. Für sie ist es völlig normal, eine Frau eiskalt anzulügen, indem sie innige Liebe schwören. Manchmal wissen sie selbst nicht mehr, was Wahrheit und was Lüge ist, so sehr sind sie es gewohnt, die Wahrheit so zurechtzubiegen, wie es ihnen am besten paßt.

Makrelen-mögende Frauen haben starke Vorlieben und Abneigungen. Hitzköpfig, launisch und in der Liebe blind, sind sie ein gutes Beispiel für den Frauentyp, den man im Zeitjargon »Tussi« nennen würde.

Im häuslichen Umfeld wollen Makrelen-verrückte Männer mit aller Macht interessant sein, doch niemand kann über ihre Geschichten lachen. Ihre Witze sind schrecklich abgedroschen. Manchmal brechen sie aus heiterem Himmel einen Streit vom Zaun. Das lassen sich wiederum ihre Frauen nicht gefallen – kein Wunder also, daß in diesen Familien ständig die Messer gewetzt werden und Scheidungen keine Seltenheit sind.

Ihr Sexualleben gibt bis zur Lebensmitte keinen Anlaß zur Klage, danach geht es rapide bergab. Die Frauen scheren sich nicht allzusehr um Sex – sie bleiben oft unbefriedigt. Die Makrelen-Meute sollte besonderen Wert auf eine ausgewogene Ernährung legen, sonst kommt sie über eine durchschnittliche Lebensdauer nicht hinaus.

Räucherfisch

Wer zuletzt lacht, lacht am besten

Arbeit und Reichtum

Als Begleitung zu Sake oder Reiswein ist Räucherfisch ein Muß. Oft wird sich über seinen starken Geruch und Geschmack beschwert, trotzdem hat er eine große Fangemeinde. Eine altbewährte Räuchermethode funktioniert so: Erst den gesalzenen Fisch über einem offenen Feuer aus Eichen-, Buchen- oder Schirlingholz trocknen. Dann Sägemehl in die Flammen streuen, damit sie nicht zu hoch schlagen, und den Fisch einige Tage lang räuchern lassen. In Europa existieren sogar Aufzeichnungen, die die Praxis des Räucherns bis ins 11. Jahrhundert zurückverfolgen.

Wer für Räucherfisch schwärmt, hat meist einen durchschnittlichen Intellekt. Wegen ihrer ausgeglichenen, abwägenden Art unterstellt man diesen Leuten mitunter einen Mangel an Zivilcourage und Entscheidungskraft. Sie selbst wissen unterdessen, daß ihre Besonnenheit ein Zeichen von Reife ist. Ein gleichmäßiger Rhythmus und eine gute Portion Wohlstand prägen ihr Leben, Senkrechtstarter findet man in der Räucherfisch-Runde selten. »Wer zuletzt lacht, lacht am besten« lautet ihr Motto, und deshalb versuchen sie, die Dinge mit ihrem ureigenen Tempo zu erledigen.

Die Lebensmitte bringt manchmal eine Stagnationsphase. Danach haben sie in privaten Dingen um so mehr Glück, je älter sie werden. Was sie bis zum mittleren Alter an Status oder Erfolg erreicht haben, konservieren sie, steigen aber auch nicht mehr höher auf. Ihre Lebenserwartung entspricht dem Durchschnitt.

Liebe und Familie

Männer, die von Räucherfisch nicht genug bekommen, sind zwar keine Philosophen, aber ernstzunehmende Denker. In der Liebe handeln sie erst, nachdem sie sich alles gründlich überlegt haben. Die sehr emotional veranlagten Frauen hingegen verlieben sich mit Haut und Haaren. Räucherfisch-Möger führen nach der Heirat ein glückliches Familienleben. Manchmal passiert es, daß sie den Partner nach vielen gemeinsamen Jahren satt haben und eine Trennung diskutieren.

Beide Geschlechter haben ein erfülltes Sexleben, das jenseits der Lebensmitte leider zusehends verflacht. Bis dahin sind sie empfänglich für Zärtlichkeiten und haben eine Menge Spaß im Bett. Männer und Frauen machen äußerlich einen kräftigen Eindruck, sollten aber sorgfältig auf ihre Gesundheit achten – und nicht zuviel Räucherfisch essen!

Sardellen-Fans neigen zur Selbstüberschätzung

Arbeit und Reichtum

An erster Stelle der Beliebtheit rangieren sie vielleicht nicht, trotzdem gibt es Hartgesottene, die sich nach den salzigen Fischchen als Pizzabelag die Finger lecken oder meinen, jedes Gericht mit Sardellenpaste würzen zu müssen.

Die temperamentvollen, begeisterungsfähigen Sardellen-Fans verstehen es, andere mit ihrem offenen Wesen für sich einzunehmen. Ihr Intellekt ist scharf, im Beruf sind sie erfolgreich und verdienen gut. Sie unterhalten zahlreiche soziale Kontakte. Ihr Lebensweg ist mit vielen Prüfungen gepflastert, ihre frühen Jahre scheinen vom Pech geprägt. Davon dürfen sie sich nicht entmutigen lassen, denn nach der Lebensmitte blühen sie auf wie eine schöne Blume. Das Sprichwort »Glück und Unglück tragen einander auf dem Rücken« bewahrheitet sich für sie hundertfach. Ihr Erfolg ist besonders groß, wenn sie einen Erben haben, der später in ihre Fußstapfen treten kann.

Liebe und Familie

In der Liebe neigen Sardellen-Schmecker zu Egoismus und Selbstüberschätzung. Mit ihrer unsympathischen Selbstgefälligkeit verspielen sie manche Chance auf Liebe. Männer wie Frauen müssen sich auf ein wechselhaftes Familienleben und zahlreiche Gefechte mit dem Partner gefaßt machen. Weil sie sich nicht in erster Linie nach einer Langzeitbindung sehnen, sollten sie nicht zu jung vor den Traualtar treten.

Was die sexuelle Ausdauer angeht, macht ihnen so schnell niemand etwas vor – ihr Geschlechtsleben läuft problemlos. Allerdings sollten auch sie ihren Salzkonsum beschränken, um Gesundheit und Wohlbefinden auf lange Sicht nicht zu gefährden.

Sardinen-Freaks fehlt es an Feuer

Arbeit und Reichtum

Früher zogen bei uns die Fischverkäufer von Haus zu Haus und riefen: »Kauft eure Sardinen hier!« Das »Marketingkonzept« ging auf, denn heute sind Sardinen ein Massennahrungsmittel in Japan.

In der Schule zeigen Sardinen-Kameraden mittelprächtige Leistungen, selten geben ihre Noten Anlaß zu Lob. Auch als Erwachsene haben sie anderen kaum etwas voraus. Für die Selbständigkeit eignen sie sich gar nicht, eher für einen Bürojob. Weil es ihnen an Feuer fehlt, schaffen sie es fast nie, das Interesse anderer an ihrer Person zu entfachen. Im Alter kehrt ihnen das Glück möglicherweise sogar den Rücken zu.

Liebe und Familie

Viele Sardinen-Esser sind zu leidenschaftlos, um wahre Liebe zu empfinden. Und auch ihr Gesicht ist nicht gerade dazu prädestiniert, Vertrauen zu wecken: Das andere Geschlecht behauptet gern, sie hätten »Fischaugen« – stumpf und ausdruckslos. (Dabei entdeckt, wer genauer hinsieht, durchaus ein kleines Glitzern.) Sardinen-Junkies sind oft unzufrieden und meinen, die Schuld daran trügen nicht sie, sondern ihre Partner. Sie verlieren bereits in jungen Jahren die Lust am ehelichen Sex, was Konflikte heraufbeschwört.

Wer partout nicht auf sie verzichten kann, sollte statt in Öl in Wasser eingelegte Sardinen kaufen, da zuviel Öl zusätzlich der Gesundheit schadet.

Seezunge

Seezungen-Schwelger stehen ungern im Rampenlicht

Arbeit und Reichtum

Die Seezunge zählt zu den im Restaurant am häufigsten servierten Fischsorten. Sie wird bestellt, wenn man weder Lust auf Huhn noch Fleisch hat, aber nicht genau weiß, wie die anderen Fische auf der Speisenkarte schmecken.

Seezungen-Schwelger sind schweigsame Zeitgenossen. Manchmal scheint es, als bewegten sie sich in Zeitlupe. Sie haben tiefe, langjährige Freundschaften. In der Gruppe zu arbeiten ist ihnen lieber, als allein im Rampenlicht zu stehen. Wenn es um Geld geht, laufen sie Gefahr, sich mit ihren Mitmenschen zu verfeinden.

Wem der Anblick einer Seezunge das Herz hüpfen läßt, sollte einen Beruf wählen, der seiner Persönlichkeit entsprechend eher rational und konservativ ist – dann bleibt ihm der Erfolg treu. Diesen Logikern liegen technische Berufe sehr. Stimmt ihr Arbeitsumfeld, überzeugen sie mit effizienter Leistung.

Liebe und Familie

Männer mit Seezungen-Affinität sind extrem schüchtern: Sie nehmen sich zigfach vor, eine Frau um ein Rendezvous zu bitten, doch dann verläßt sie jedesmal der Mut.

Frauen reißt angesichts ihrer gemächlichen Gangart und linkischen Zurückhaltung schon mal der Geduldsfaden.

Seezungen-besessene Frauen verlieben sich nur einmal im Leben und stimmen ihre Persönlichkeit dann komplett auf die des Partners ab. Das Familienleben läuft normal. Bisweilen löst das mangelnde Vermögen, ihrer Liebe Ausdruck zu verleihen, allerdings Mißverständnisse aus.

Seezungen-Schwelger genießen über viele Jahre hinweg ein akzeptables Sexualleben und erreichen ein relativ hohes Alter.

Thunfisch

Verfällt von einem Extrem ins andere – der Club der Thunfisch-Freunde

Arbeit und Reichtum

In Japan und Amerika findet man den Thunfisch weit oben auf der Beliebtheitsskala, gerade als Garnitur für Salate oder Sandwiches wird er gern verwendet. Sie sollten ihn, wie alle Fischsorten, nach Möglichkeit frisch genießen, aber auch Dosenthunfisch vermag so manches Gericht geschmacklich aufzuwerten. Kaufen Sie lieber in Wasser oder im eigenen Saft eingelegten Thunfisch – nicht die öltriefende Version.

Thunfisch-Freunde besitzen ein gutes Durchhaltevermögen. Statt spontane Zusagen zu einem Projekt zu leisten, strecken sie ihre Fühler aus, in der Hoffnung, doch etwas Besseres finden. Die Menschen mögen ihre großzügige, aufgeschlossene Art und daß sie mit jedermann gut auskommen. Leider fallen sie oft von einem Extrem ins andere. Mit Kleinigkeiten darf man ihnen nicht kommen, dafür meistern sie großangelegte Projekte phantastisch, ja, ihr Weitblick befähigt sie sogar für die Rolle des Firmenpräsidenten. Ein monotoner Berufsalltag hingegen erstickt ihre besonderen Talente. Gerade Frauen, die Thunfisch lieben, verfügen über ungewöhnlichen Unternehmergeist – und ein gut gepolstertes Sparkonto. Generell kommt der Thunfisch-Club mit steigendem Alter und entsprechender Position entweder in den Genuß exzeptionellen Reichtums oder an den Rand des Ruins – ein Mittelding zwischen den Extremen existiert nicht für sie.

Liebe und Familie

Männliche Thunfisch-Freunde sind triebgesteuert – Romantik und tiefe Gefühle halten sie für reine Zeitverschwendung. Oberflächliche Affären reichen ihnen völlig, und natürlich gehen sie auch in der Ehe öfter fremd.

Die Frauen lassen, sobald sie sich verlieben – und das tun sie heiß und innig! –, ihre kühle Fassade fallen. In der Ehe scheinen sie dann plötzlich wie ausgewechselt: Ständig wollen sie den Partner herumkommandieren und erziehen. Das Familienleben beider Geschlechter ist stabil; wenn sie im Beruf Erfolg haben, profitiert ihre Privatsphäre um so mehr. Von herausragenden Sexkünsten der Thunfisch-Abteilung ist nichts bekannt.

Venusmuscheln

Wer nach Venusmuscheln verrückt ist, stellt sein Licht oft unter den Scheffel

Arbeit und Reichtum

Zusammen mit Hummer und Garnelen genießt die Venusmuschel Star-Appeal unter den Krusten- und Muscheltieren. Gedämpft oder als Einlage in der japanischen Misosuppe, bereitet sie köstliche Gaumenfreuden. Sie bevölkert die schlammigen, seichten Gewässer der japanischen Küsten, wo sie von muschelsuchenden Strandläufern mit aufgerollten Hosenbeinen gesammelt wird.

Venusmuschel-Verzückte sind ausgesprochen hilfsbereit. Mit wenig Weitblick arbeiten sie hart und fleißig. Oft scheint es, als stellten sie ihr Licht unter den Scheffel – vielleicht warten sie aber auch bloß auf den richtigen Moment, um sich mit Macht zu Wort zu melden. Sobald sie ihr Schneckenhaus verlassen haben, entpuppen sie sich als gewitzt und sehr lebendig. In Berufen, die ihnen die Chance geben, ihre Zuverlässigkeit zu beweisen und allmählich höhere Positionen zu bekleiden, bessert sich ihre finanzielle Situation kontinuierlich.

Liebe und Familie

Männer, die sich an Venusmuscheln ergötzen, sind in Liebesaffären sehr verantwortungsbewußt. Wenn sie keine Partnerin finden, stört sie das auch nicht großartig. Die Frauen tun, als würden sie hart an ihren Beziehungen arbeiten, obwohl diese ihnen in Wahrheit gar nicht so wichtig sind. In der Ehe scheint nach außen alles Friede, Freude, Eierkuchen – ein Blick hinter die Kulissen verrät jedoch, daß die Venusmuschel-Möger ihre Partner unentwegt kritisieren, während sie für eigene Fehler blind sind. Sie werden des anderen schnell überdrüssig, und wenn das passiert, geht auch die familiäre Harmonie flöten. Dann bleibt ihnen nur noch der Rückgriff auf ihre – zugegeben umfangreiche – sexuelle Trickkiste, um den Haussegen wieder gerade zu hängen.

Wer oft Venusmuscheln ißt, bleibt gesund und genießt ein langes Leben.

Getreide, Körner & Nüsse

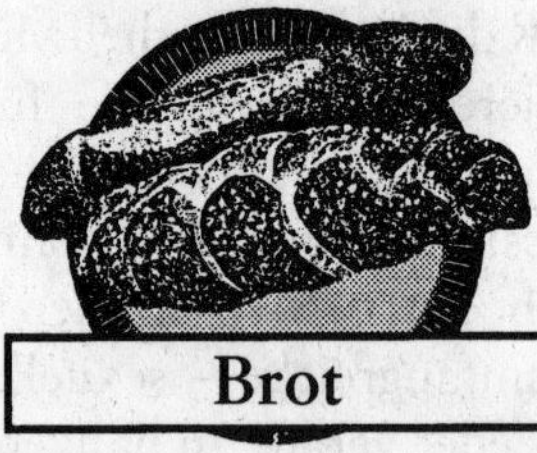

Brot

Klugheit, Liebe und Reichtum – Brot-Liebhabern fehlt es an nichts

Arbeit und Reichtum

Die Geschichte des Brots ist im Grunde die Geschichte des Mehls, das im Altertum entdeckt wurde. Im Alten Testament taucht das Wort »Brot« viele Male auf, denn Brot hatte lange vor der Geburt Christi einen festen Platz in der Ernährung der Menschen. Gegen Ende der Periode des Alten Testaments begann Hefe bei der Brotherstellung eine Rolle zu spielen.

Bei uns in Asien genießt Hefe eine sehr lange Tradition. Sobald man Weizenmehl und Wasser verrührte und die Mischung über Nacht stehen ließ, setzte der Gärungsprozeß ein. Man mußte nur einen frisch zubereiteten Teig mit einem 24 Stunden alten vergleichen und konnte den Unterschied schmecken!

Brot-Liebhaber sind intelligent, fleißig und lernbegierig. Sie verstehen sich gut mit anderen. Je besser man diese warmherzigen Menschen kennenlernt, um so tiefer wird die Freundschaft zu ihnen. Das heißt nicht, daß sie ihr Herz auf der Zunge tragen. Beruflich leisten sie sich keine Fehler, und sie geraten fast nie in Geldnot. In Geschäftsdingen sind sie erfolgreich – es fehlt ihnen nicht an Wohlstand.

Liebe und Familie

Männer, die gern Brot kauen, sind in der Liebe aufrichtig und voller Hingabe. Wegen ihres steten Bemühens, ihre Partnerinnen zu verstehen, werden sie geliebt und geachtet. Anders die Brot-Betörte: Anfangs leidenschaftlich verliebt, hat sie schnell die Nase voll vom Partner. In der Ehe der Brot-Liebhaber herrscht zunächst Sonnenschein, doch sind die Flitterwochen vorbei, zieht so manche Wolke auf. In jungen Jahren genießen beide Geschlechter ein gutes Sexleben, ab der Lebensmitte lassen ihre Kräfte nach. Brot-Freunde haben eine Tendenz, sich den Magen zu sehr vollzuschlagen – vor allem mit Fleisch. Als Ausgleich zu ihrer brotlastigen Ernährungsweise sollten auch sie viel frisches Obst und Gemüse essen.

Cashewkerne

Marmor, Stein und Eisen bricht, aber ihre Liebe nicht

Arbeit und Reichtum

Allein oder gemixt mit anderen Nüssen – Cashewkerne sind sehr populär. Wenn auch Sie sie unwiderstehlich finden: Wie alle Nüsse sollten Cashews nur in kleinen Mengen geknabbert werden, denn sie enthalten sehr viel Öl und sind oft gesalzen. Beides schadet Ihrer Gesundheit, so daß Sie sich in Disziplin üben sollten.

Obwohl ihr Äußeres oft das Gegenteil suggeriert, neigen Cashew-Verrückte zur Pedanterie. Sie sind tiefe, hintergründige Denker. Egal, was passiert – sie verlieren nie ihr Ziel aus den Augen. Ihre mentale Stärke trägt zu ihrem Erfolg bei.

Ihre finanzielle Situation bessert sich kontinuierlich, allerdings müssen sie viel Einsatz zeigen. Sie dürfen nicht vom Reichtum über Nacht träumen, sondern müssen beharrlich ihre Arbeit fortsetzen und sich selbst gegenüber immer ehrlich bleiben. Auch wenn sie zwischendurch Schiffbruch erleiden, manövriert ihre mentale Stärke sie stets wieder auf Erfolgskurs zurück. Besonders Selbständige machen gute finanzielle Gewinne.

Liebe und Familie

Cashew-versessene Männer sind in der Liebe sehr vorsichtig: Sie brauchen lange, um sich für eine Partnerin oder Ehefrau zu entscheiden. Die weibliche Cashew-Crew ist allzu vertrauensselig und wird nicht selten von Männern ausgenutzt. Sobald diese Frauen einen Ehemann gefunden haben, lassen sie ihn nicht mehr los. Beide Geschlechter sind ausgesprochen vital, insbesondere beim Sex: Ihre Libido wirkt manchmal einschüchternd. Dank ihrer unerschütterlichen Treue und fantastischen sexuellen Fähigkeiten kann sich glücklich schätzen, wer mit einem Cashew-Fan verheiratet ist. Sie führen ein intaktes, fröhliches Familienleben.

Erdnüsse

In jeder Beziehung durchschnittlich: die Peanuts-Fraktion

Arbeit und Reichtum

Erdnüsse wurden Mitte des 19. Jahrhunderts erstmals aus Amerika nach Japan importiert und traten prompt ihren Eroberungszug bei uns an. Die in USA so beliebte Erdnußbutter essen wir so gut wie nie – wir bevorzugen die Nüsse in ihrer ursprünglichen Form. Generell gilt wieder wie bei allen Nüssen: Sie sollten den Verzehr gesalzener Erdnüsse beschränken…

Die Peanuts-Fraktion ist in jeder Beziehung durchschnittlich. Diese Leute betrachten eher das Gesamtbild, als sich um Details zu scheren. Fest geregelte Arbeitszeiten liegen ihnen, nur selten kämpfen sie mit echten Schwierigkeiten. Die weibliche Abteilung ist gescheit, immer gut gelaunt und leutselig. Erdnuß-Knabberer, die die Selbständigkeit wagen, sollten sich mit einem kleinen Team von Freunden zusammentun.

Liebe und Familie

Männliche Erdnuß-Freaks sind dem Objekt ihrer Liebe blind ergeben, während ihr weibliches Gegenstück sich selten vor Emotionen verzehrt – die Erdnuß-Eva ist cool und beherrscht. Sie kümmert sich mehr als die Erdnußmümmelnden Männer darum, was die Leute denken. In der Ehe sind die Frauen erst zufrieden, wenn ihr Gatte oder sie selbst den sozialen Aufstieg geschafft haben. Selbstbewußt und unabhängig, ziehen sie es manchmal vor, Single zu bleiben, um sich voll und ganz ihrer Karriere zu widmen.

Erdnuß-Liebhaber verfügen über eine robuste Konstitution und werden nur selten krank. Sie dürfen sich auf ein langes Leben einstellen, sofern sie Übergewicht und übertriebenen Salzgenuß vermeiden.

Haferflocken

Haferflocken-Löffler sind in Herzensdingen schüchtern

Arbeit und Reichtum

Haferflocken mit Milch sind eine klassische Frühstücksmahlzeit mit hohem Nährwert. Die Engländer lieben ihren Porridge als morgendliche Begleitung zu Toast und Orangenkonfitüre. Laut Kuriyama-Philosophie sollte dem Frühstück eine kurze Körperertüchtigung oder Gymnastik vorausgehen. Auf keinen Fall darf das Frühstück wegfallen, denn die erste Mahlzeit programmiert das Energieniveau für den restlichen Tag vor.

Die durchschnittlich intelligenten Haferflocken-Löffler sind überaus aufgeschlossen. Sie ernten viel Vertrauen, nicht weil sie besonders gewandt im gesellschaftlichen Umgang sind, sondern weil ihr freundliches Wesen sehr anziehend wirkt. Doch es gibt Leute, denen solch geballte Fröhlichkeit und Zuversicht gegen den Strich geht, und so passiert es, daß Haferflocken-Schmecker oft ein oder zwei bittere Feinde haben. Ihre berufliche Laufbahn verläuft stabil und erfolgreich, sofern sie ein Minimum an Einsatz zeigen. Ihr Glücksfaktor ist hoch, und sie sollten versuchen, Frieden mit ihren Feinden zu schließen, die ihnen sonst viel Ärger machen können.

Liebe und Familie

Männliche Haferflocken-Kameraden sind wegen ihres ausgeprägten Verantwortungsgefühls in Herzensdingen umsichtig und schüchtern. Die Haferflocken-mögende Frau neigt dazu, zuviel in die Aussagen des Partners hineinzuinterpretieren, was Zweifel und Mißtrauen nährt und zum Bruch der Beziehung führen kann. Diese Menschen sind meist gute Eheleute. Allerdings leidet die Gattin eines Haferflocken-Helden unter dem Gefühl, ihr Mann würde die vielen Opfer, die sie für ihn bringt, nicht genügend honorieren. Das sexuelle Verlangen beider ist mittelprächtig, ohne jemals abrupt nachzulassen. Solange die Flocken mit vielen frischen Früchten – und wenig Zucker – in die Schüssel wandern, genießt die Haferflocken-Gemeinde ein langes Leben.

Makkaroni

Weniger Tagträume bringen mehr Erfolg

Arbeit und Reichtum

Makkaroni haben sich zu einem Standardfavoriten in japanischen Kochtöpfen gemausert – jung und alt, Männer und Frauen schwärmen für die leckeren Nudelröhrchen. Aber anstatt zu einem Fertigprodukt aus der Tiefkühl- oder Konservenabteilung zu greifen, sollten Sie sich die Zeit nehmen und frische Makkaronigerichte mit reichlich Gemüse zubereiten.

Makkaroni-Schwärmer stürzen sich mit Haut und Haaren in ihren Job – manchmal reiben sie sich so sehr auf, daß ihre Mitmenschen dieses Engagement nicht verstehen können. Im richtigen Job haben sie gute Karten, außerordentlich erfolgreich zu werden. In jedem Fall wächst ihr Erfolg mit dem Alter kontinuierlich. Eine Gefahr: Makkaroni-Freunde verlieren sich oft in Tagträumereien. Daraus beziehen sie zwar viele kreative Ideen, aber das ist nur begrüßenswert, solange sie nicht anfangen, verrückten Phantastereien nachzujagen. Sollten sie doch dieser Versuchung erliegen, wenden sich Glück und Wohlstand bald von ihnen ab.

Liebe und Familie

Menschen mit einem Faible für Makkaroni sind sehr leidenschaftlich und müssen aufpassen, sich nicht unbändig zu verlieben. Gewiß macht Liebe blind, aber Makkaroni-Fans werden nicht nur blind, sondern verlieren völlig den Verstand, was letztlich in Enttäuschung mündet. Sobald sie im Ehehafen eingelaufen sind, führen sie ein relativ friedliches Familienleben, obwohl es auch mal Probleme gibt. Die Frauen sind gute, anhängliche Ehefrauen. Makkaroni-Mögern ist sehr oft ein langes Leben beschert.

Pecannüsse

Pecannuß-Fans sind gewiefte Geschäftsleute

Arbeit und Reichtum

In Japan ißt man Pecannüsse eher selten, während der *pecan pie*, der Pecankuchen, in Amerika ein Stück Kulturgut verkörpert – vor allem in den Südstaaten, wo der Pecanbaum seine Heimat hat. Wer von Pecannüssen den Hals nicht voll bekommen kann, muß ans enthaltene Salz denken. Im übrigen sollte die Liebe zur Pecannuß nicht als Entschuldigung dienen, Berge von diesem süßen Kuchen zu vertilgen, denn dessen Zuckergehalt ist nicht nur schädlich, sondern macht auch dick. Nicht selten bezahlen die Süßschnäbel ihre mangelnde Disziplin mit einem Antriebs- und Selbstvertrauensverlust.

Für den Büroalltag sind Pecannuß-Fans nicht geschaffen, wohler fühlen sie sich im Verkauf. Als Do-it-yourself-Geschäftsleute können sie sich gut auf eine Sache konzentrieren und sie bis zum Ende durchziehen. Sie kennen viele Leute, haben aber kaum enge Freunde. Obwohl ihr Leben im großen und ganzen positiv verläuft, hängt ihr finanzieller Wohlstand oft von anderen ab: Wenn sie jemanden finden, der ihre Bemühungen unterstützt, sind sie doppelt und dreifach erfolgreich.

Liebe und Familie

Ihre Neigung, sich zu sehr um die Meinung ihres Partners zu sorgen, verleitet Pecannuß-Liebhaber oftmals, diese vorzuverurteilen, was Streit vom Zaun brechen und sogar in Trennung enden kann. Weibliche Pecan-Verrückte stellen oft übertriebene Ansprüche an ihren Traumprinzen, doch letztlich gelingt es ihnen – nach harter Arbeit und einer Reihe von Rückschlägen –, ihren Lebenspartner an die Angel zu kriegen.

Pecan-erpichte Ehemänner behandeln ihre Frauen oft geringschätzig und setzen die Beziehung vielen Zerreißproben aus. Die Ehefrau mit Pecan-Faible hingegen rührt nicht an den Grundfesten der Verbindung, auch dann nicht, wenn sie sehr unzufrieden ist; statt dessen sucht sie nach subtilen Wegen, das gegenseitige Verständnis zu verbessern. Sowohl Männer als auch Frauen sind sexuell aktiv, nach Überschreiten der Lebensmitte läßt ihre Libido allerdings leicht nach.

Die Pecannuß-Partei hat eine hohe Lebenserwartung – vorausgesetzt, sie achtet auf den Salz- und Zuckerkonsum.

Reis

Reis-Esser sind reife, verläßliche Persönlichkeiten

Arbeit und Reichtum

In Japan ist die kurzkörnige, klebrige Variante besonders verbreitet, die Amerikaner hingegen lieben ihren Langkornreis. Reis stellt die Basis für eine Vielzahl gesunder Gerichte internationaler Herkunft dar.

Reis-Freunde sind klug und sympathisch. Ihre reife Persönlichkeit sorgt dafür, daß sie sich von den Fehlern und Unzulänglichkeiten anderer nicht so leicht aus der Bahn werfen lassen. Als Einzel-Unternehmer sind sie genauso erfolgreich wie als Mitarbeiter in kleinen oder großen Betrieben. Je älter sie werden, um so mehr wächst ihr Wohlstand.

Liebe und Familie

Männliche und weibliche Reis-Esser sind in der Liebe leidenschaftlich und lustvoll. In der Ehe zeigen sich die Männer als einfallsreiche, unersättliche Liebhaber, die Frauen gebärden sich wild wie Raubkatzen. Doch so leicht erregbar die Männer sind, so schnell läßt ihre sexuelle Ausdauer sie oft im Stich – sehr zum Leidwesen ihrer Frauen. Die Reis-anhimmelnde Frau neigt dazu, ihren Mann unter dem Pantoffel zu halten. Kinder und

Familie sind die Hauptsache in ihrem Leben. Beide Geschlechter sollten sich bemühen, sensibler auf die emotionalen Bedürfnisse ihrer Partner einzugehen – eine wichtige Eigenschaft, die man bei ihnen öfter vermißt.

Sandwich

Geht gern in der Masse unter – der Sandwich-Esser

Arbeit und Reichtum

Das Sandwich ist der große kulinarische „Gleichmacher“, kann man doch alles – vom simplen Aufschnitt bis zur Luxus-Delikatesse – zwischen zwei Brotscheiben packen und Sandwich nennen. Viele Leute würden den Belag für sich allein genommen nie essen, aber die Sandwich-Variante finden sie unwiderstehlich. Wer die Super-Stulle zum Stammposten seiner Ernährung erhebt, ist in jeder Beziehung ein Durchschnittstyp – durchschnittlich intelligent und durchschnittlich begabt.

Die Sandwich-Gemeinde nimmt kein Blatt vor den Mund, hat ein gutes Gedächtnis, und es macht ihr bisweilen Spaß, sich in anderer Leute Angelegenheiten zu mischen. Diese Menschen gehen gern in der Masse, in einer Gruppe oder einem Team unter; sie arbeiten lieber als Unterstützung hinter den Kulissen statt im Rampenlicht. Sie sind die Arbeitsbienen, die mit ihrem emsigen Tagewerk die Gesellschaften der Welt funktionstüchtig halten. Ihr Schicksal wird im Guten wie im Bösen überwiegend durch die Aktionen anderer bestimmt, selten liegt es in ihrer Hand.

Liebe und Familie

Sandwich-mümmelnde Männer und Frauen pflegen in Liebesdingen ihr eigenes Tempo, manchmal setzen sie ihr Gegenüber dabei zu sehr unter Druck. Sie lassen sich massiv von den Meinungen anderer beeinflussen, statt auf ihren eigenen Instinkt zu vertrauen. Häufig bitten sie ihre Freunde um ein Urteil: „Wie soll ich mich deiner Meinung nach verhalten?“ oder „Sag, was hältst du von ihm oder ihr?“

Sie führen ein durchschnittliches Eheleben, auch was den Sex angeht. Ihr Lebensstil ist normal, sie leisten selten Spektakuläres, doch die Art, wie sie ihre Kinder großziehen, verdient Anerkennung. Ihre Umgebung ist durchschnittlich, und sie erreichen eine durchschnittliche Lebensdauer. Wenn sie ihre Eßgewohnheiten und ihre Lebensqualität verbessern würden, könnten sie sich eine Reihe von Krankheiten vom Leib halten. Das würde ihre Gesundheit fördern und lebensverlängernd wirken.

Sesamkörner

Glück und Sorglosigkeit dominieren das Dasein der Sesamkörner-Sippe

Arbeit und Reichtum

In weiten Teilen Japans glaubt man, daß drei – natürlich auch mehr – Sesamkörner am Tag vor Krankheit schützen. Sesam verfeinert Suppen und Saucen, und nichts geht über Sesamöl als Fritierfett für Tempura-Gemüse. Unsterblich wurde die Saat durch die geflügelten Worte aus »1001 Nacht«: »Sesam, öffne dich!« So, wie dieser Satz im Märchen das Tor zu immensem Reichtum öffnet, ist das Dasein der Sesamkörner-Sippe meist vom Glück dominiert. Diese Detailfanatiker arbeiten so lange mit akribischem Eifer an einem Projekt, bis es erfolgreich vollbracht ist. Wenn sie einen Job finden, wo man sie ohne viel Aufsicht allein und in Ruhe arbeiten läßt, sind ihre Erfolgsaussichten großartig.

Liebe und Familie

Sie warten ruhig und geduldig auf die Liebe, und sobald diese ihnen begegnet, brennen sie lichterloh! Auch wenn zu Hause nicht alles perfekt läuft, kommen sie selten auf die Idee, anderen von ihrem Kummer zu erzählen. Sesam-anbetende Frauen sind in Herzensdingen etwas altmodisch – in der Ehe lesen sie ihrem Göttergatten jeden

Wunsch von den Augen ab. Sie denken in konventionellen Bahnen und sind mit der Rolle als Hausfrau und Mutter vollends zufrieden.

Wenn ein Sesam-Sympathisant krank wird, dauert es selten lange, bis er wieder auf den Beinen ist. Gelingt es ihm, seine plötzlich und oft ohne jede Vorwarnung aufflackernden Sexgelüste zu kontrollieren, darf er sich auf ein langes und glückliches Leben freuen.

Sonnenblumenkerne

Wer Sonnenblumenkerne liebt, strahlt Optimismus aus

Arbeit und Reichtum

Sonnenblumenkerne sind in Japan ein beliebter Knabberspaß, den es fast überall zu kaufen gibt. Die leuchtendgelben Sonnenblumen drehen ihre Köpfe stets nach der Sonne und strahlen dadurch heiteren Optimismus aus.

Liebhaber von Sonnenblumenkernen sind meist umgängliche Menschenfreunde, entwickeln aber hin und wieder Anflüge von Habgier. Man mag sie sehr, weil sie sich immer um das Wohl anderer kümmern. Aber: Sie erwarten körbeweise Dankbarkeitsbezeugungen für ihren Großmut. Sie müssen aufpassen, nicht zu stolz und selbstverliebt zu werden.

Diese durchschnittlich intelligenten Leute kommen gut mit Aufgaben zurecht, die einen Blick für Details verlangen. Mit unbeirrbarer Beharrlichkeit schaffen sie sich ein solides finanzielles Fundament. Zwar müssen sie viele Prüfungen bestehen, doch mit unverdrossenem Optimismus gelingt es ihnen, daß ihnen die Sonne am Ende immer lacht.

Liebe und Familie

Männer, die gierig nach Sonnenblumenkernen sind, neigen zur Selbstüberschätzung in Liebesdingen und quälen sich dann mit der Einsamkeit einseitiger Gefühle. Doch diese Kämpfertypen geben nicht eher auf, bevor sie eine Partnerin gefunden haben, die ihre Gefühle erwidert.

Frauen, die Sonnenblumenkerne über alles mögen, sind oftmals zu emotional und übertrieben wählerisch bei der Suche nach einem Mann zum Heiraten – deshalb lassen sie in ihrer Jugend »nichts anbrennen«. In der Ehe ist ihre Eifersucht dann manchmal so unerträglich, daß eine Scheidung unausweichlich scheint. Sie sollten sich bemühen, ruhiger und abgeklärter zu werden und ihre gegenwärtige Beziehung zu genießen, statt einem Phantom nachzujagen.

Spaghetti

Begeisterungsfähig & hilfsbereit – der Spaghetti-Schlemmer

Arbeit und Reichtum

Vor allem unter der jüngeren Generation der Japaner haben Spaghetti eine wachsende Fan-Gemeinde, denn sie schmecken lecker, und außerdem eignet sich der Italiener an der Ecke prima für ein romantisches und dabei preiswertes Candlelight-Dinner. Gemüse, Meeresfrüchte und Fisch vertragen sich köstlich mit Pasta, von zu üppigen Saucen sollte man die Finger lassen.

Spaghetti-Schlemmer sind wagemutig und begeisterungsfähig. Das Geheimnis ihrer Popularität liegt in ihrer ungewöhnlichen Hilfsbereitschaft. Sie sind gute Denker und begabte Unternehmer. Ihre finanzielle Situation ist, vor allem im Alter, stabil. Materielle Schwierigkeiten bleiben ihnen ihr Leben lang erspart. Besonders die nach Spaghetti schmachtende Frau zeigt sich im Beruf tüchtig und kompetent.

Liebe und Familie

Männliche Spaghetti-Schlemmer sind Glückspilze, die Frauen lieben sie und scheuen auch vor amourösen Offensiven nicht zurück. Weibliche Spaghetti-Fans sind erotisch und kokett. Als Single brauchen sie sich über mangelnde Chancen keine Sorgen zu machen, sie haben immer mehrere Herzbuben zur Auswahl. In der Ehe wendet sich das Blatt, und sie spüren erstmals die Qualen der Eifersucht. Das Familienleben der Spaghetti-Gemeinde wird von zahlreichen Hochs bereichert und nicht wenigen Tiefs erschüttert, aber solange beide Partner um die Beziehung kämpfen, meistern sie auch schwere Krisen.

Spaghetti-Schlemmer halten sich gern für Experten auf sexuellem Gebiet, doch die Realität belehrt diese Verbalerotiker oft eines Besseren.

Walnuß-Knacker sind gute Menschenkenner

Arbeit und Reichtum

Früher waren Walnüsse ein Glücksbringer für die japanischen Samurai-Krieger. Aus Japan stammende Walnüsse haben eine harte, schwarze Schale, die importierten Nüsse sind einfacher zu knacken. Walnüsse sind reich an Vitamin B_6.

Walnuß-Schwärmer sind intelligent und lernen schnell. Sie haben einen großen Freundes- und Bekanntenkreis und genießen Respekt. Mit dem Druck ihrer Freunde erbringen sie in ihrem Beruf außerordentliche Leistungen. Auch wenn sie manchmal Pech haben, lacht ihnen letztlich immer das Glück.

Liebe und Familie

Walnuß-Knacker sind gute Menschenkenner, die instinktsicher den richtigen Partner für sich finden. Ihr heiles und glückliches Familienleben verdanken sie der Intelligenz der Walnuß-begeisterten Frau, die auch eine sehr gute Mutter ist. Beide Geschlechter sind ihr Leben lang anregende Sexpartner. Ihre Konstitution ist kräftig, von schweren Krankheiten bleiben sie weitgehend verschont. Wie alle Nuß-Fanatiker muß auch der Walnuß-Knacker seinen Salzkonsum kontrollieren.

Fleisch, Eier & Geflügel

Altmodisch, mit Sinn fürs Handwerk – die Eier-Lobby

Arbeit und Reichtum

Eier empfehlen sich für viele Zubereitungsarten, so daß sie bei fast allen Mahlzeiten des Tages präsent sind. Beim Frühstück kommen sie gekocht, pochiert, als Rühr- oder Spiegeleier daher, bei Sandwiches, Omelettes, Salaten und einer Vielzahl anderer Gerichte sind sie als Zutat willkommen.

Menschen, die Eier lieben, sind in der Regel eher konservativ. Man findet sie sympathisch, ohne sie wahnsinnig zu mögen. Sie schwingen gern große Reden, doch fehlt ihnen meist das Durchhaltevermögen für die Umsetzung ihrer hochfliegenden Pläne, so daß sie es nur in Ausnahmefällen zu Reichtum bringen. Sie besitzen handwerkliches Geschick und eignen sich daher besser für manuelle als für mentale Aufgabenstellungen. Ihr Gedächtnis läßt zu wünschen übrig – ständig vergessen sie, wo sie Schlüssel oder Brieftasche deponiert haben.

Der Glücksfaktor der Eier-Lobby ist mäßig. Ihre Mitglieder müssen zur Lebensmitte hin viel Einsatz zeigen, sonst verläßt sie leicht das Glück. Am erfolgreichsten sind sie als Maschinenschlosser, Bauarbeiter, Handwerker oder Fernfahrer.

Liebe und Familie

Männer mit einer Schwäche für Eier sind einfühlsame Liebhaber und versiert in vielen Sextechniken. Nach der Heirat würden sie ihre Gattin allerdings am liebsten zu Hause einsperren. Frauen, die Eier lieben, denken in der Liebe altmodisch – sie streben nach dem Langzeitglück, mit flüchtigen Affären können sie nichts anfangen. Diese konservative Einstellung behalten sie auch in der Ehe, mit unverbrüchlicher Treue begleiten sie Mann und Kinder durch dick und dünn. Überspitzt formuliert ist die Eier-Lobby ein Abbild der Klischeevorstellung, wie Männer und Frauen »sein sollen«.

Eier-Fanatiker sollten ihren Cholesterinspiegel und Salzkonsum streng im Auge behalten.

Huhn

Wer gern Huhn ißt, steht sich oft selbst im Weg

Arbeit und Reichtum

Es ist lange her, daß Hühner in Japan als mythologische Vögel galten, mit direktem Draht zum Himmel. Später wurden sie zu bloßen Legemaschinen degradiert, in enge Käfige gepfercht und unter grausamsten Bedingungen gehalten.

Wer gern Huhn ißt, hat in der Jugend viel Erfolg, muß sich mit zunehmendem Alter aber enorm ins Zeug legen, um diesen Standard zu wahren. Zudem nehmen die analytischen Fähigkeiten dieser Leute, die in jungen Jahren durch ihren klaren Verstand überzeugen, oft mit dem Alter ab, sofern sie sich nicht beizeiten angewöhnen, immer wieder Neues hinzuzulernen. Diesen nervösen Typen platzt schnell mal der Kragen. Ihre Träume können sie nur verwirklichen, wenn sie lernen, sich zu beherrschen und sich – ohne Klagen und Jammern – mit vollem Engagement ihrem Beruf zu widmen. Im sozialen Rahmen entpuppen sich Hühnchen-Freunde als Quasselstrippen, die niemand so recht für voll nimmt. Oft rühren sie eifrig in der Gerüchteküche, stecken ihre Nase in alles, was in der Firma oder Nachbarschaft vorgeht und geben es dann brühwarm weiter. Wenn sie diese üble Eigenschaft ablegen, haben sie moderate bis gute Erfolgsaussichten.

Liebe und Familie

Männer, die sich nach Huhn die Finger lecken, gehen in der Liebe niemals logisch oder vernünftig vor. Im Gegenteil: Sie hüpfen von einer Liaison zur nächsten, verlieben und trennen sich mit rasantem Tempo. In der Ehe müssen sie ihrem Drang nach sexuellen Abenteuern widerstehen, um ihre Pflichten als Ehemänner und Väter nicht zu verletzen.

Die Frauen der Huhn-Fraktion sind ähnlich flatterhaft. Selbst Verheirateten passiert es oft, daß fremde Männer ihnen den Kopf verdrehen. Beide Geschlechter sollten sich um mehr Treue und Beständigkeit in Liebesdingen bemühen.

Die Huhn-Fraktion muß bei Öl, Fett und Salz aufs Maßhalten achten. Viel frisches Obst und Gemüse kann die negativen Wirkungen mancher Nahrungsmittel kompensieren.

Lamm-Liebhabern fehlt es an Konsequenz und Willensstärke

Arbeit und Reichtum

Der Beruf des Schäfers zählt zu den ältesten der Menschheit. Viele der bekannten Bibelpropheten besaßen Schafe, und bei Lukas heißt es, in der Nacht von Jesus' Geburt sei den Hirten, die »ihre Herde bewachten«, ein Engel des Herrn erschienen. Heute denkt man beim Stichwort Schafe vor allem an die Mongolei und Australien.

Die Gattung der Lamm-Liebhaber hat viele verborgene Talente, die unter positivem Einfluß zügig zur Entfaltung kommen. Ihr ehrlicher Charakter macht sie beliebt. Doch etwas stört: Sie erfüllen nicht immer die in sie gesetzten Erwartungen. An mentalen Aufgaben verlieren sie bald die Lust, und ihre Inkonsequenz verleitet sie, halbfertige Projekte einfach liegenzulassen.

Oft schüchtern, kommen Lamm-Liebhaber trotzdem gut mit anderen aus, Vorgesetzte und Kollegen vertrauen ihnen. Bekannte haben sie kaum, dafür eine Handvoll sehr enger Freunde. Ihr Leben ist eine Berg- und Talfahrt, die meistens im Erfolg endet. Wenn sie mehr Willensstärke und Durchhaltevermögen aufbringen, steigt ihre Wohlstandskurve steil an.

Liebe und Familie

Männer, die auf Lammfleisch versessen sind, haben Glück: Frauen erzählen ihnen ständig, wie sehr sie sie lieben. Wann immer sie selbst von Amors Pfeil getroffen werden, legen sie plötzlich zuviel Ernst und Vorsicht an den Tag. Man möchte sie gern anschreien: »Hey, du da, faß dir ein Herz!« Mit ihrer methodisch-schwerfälligen Art gehen sie ihren Partnerinnen auf die Nerven.

Weibliche Lamm-Goutierer werden häufig gewarnt, ihre Ideale seien zu hoch gesteckt und sie verpaßten womöglich den Anschluß, wenn sie nicht zu Abstrichen bereit wären. Verheiratete Lamm-Jünger – egal ob Mann oder Frau – üben sich in gegenseitiger Rücksichtnahme, was zwar für ein ruhiges Eheklima sorgt, aber die Gefahr birgt, daß sich kleinere Ressentiments über kurz oder lang aufstauen. Sie sollten mehr Wert auf offene und ehrliche Kommunikation legen.

Trotz anfänglicher Schüchternheit kann sich ihr Sexleben sehen lassen. Mit genügend Obst und Gemüse auf dem Speiseplan erfreuen sie sich einer stabilen Gesundheit.

Omelette

Omelette-Möger durchleben Höhen und Tiefen

Arbeit und Reichtum

Der Delikat-Faktor eines Omelettes hängt stark von seiner Füllung ab – Gemüse, Fleisch, Käse etc. erfreuen den Gaumen. Japanische Omelettes sind im Prinzip nichts anderes als Reis in einer Eierhülle. Wer auf Omelette steht, besitzt fast immer herausragende mathematische Fähigkeiten, ist unkompliziert und genießt hohe Popularität beim eigenen Geschlecht. Ihre Hilfsbereitschaft verstrickt diese Menschen oft tiefer in die Probleme anderer Leute, als ihnen lieb ist. Sie durchleben viele Höhen und Tiefen, Freud und Leid gehen nahtlos ineinander über.

Besonders die Frauen unter den Omelette-Fans sind vielen Prüfungen ausgesetzt, und der Erfolg auf eigene Faust bereitet ihnen oft Mühe. Speziell ihre zweite Lebenshälfte gestaltet sich als Wechselbad zwischen Euphorie und Enttäuschungen. Kinder, die sich nach Omelette verzehren, sind oft altklug und schnippisch. In der Grundschule ernten sie sehr gute Noten, worauf ihre Eltern sich gerne etwas einbilden, doch später lassen ihre Leistungen kontinuierlich nach.

Liebe und Familie

Die übertrieben rationelle Art, mit der Omelette-mögende junge Männer an Beziehungen herangehen, läßt viele Partnerinnen beizeiten Reißaus nehmen. Später agieren sie dann um so impulsiver und verzweifelter, aus Furcht, womöglich nie eine Frau fürs Leben zu finden. Die Frauen sind zunächst wählerisch, doch sobald sie die wahre Liebe gefunden haben, gehen sie mit ihr durch dick und dünn. In der Ehe streiten sie oft über Lappalien, trotzdem: Wenn ihre Ehemänner sie nett behandeln, sind diese Frauen äußerst aufopferungswillig. Sollten sie jedoch entdecken, daß ihr Partner sie betrügt, rächen sie sich, indem sie selbst eine Affäre vom Zaun brechen.

Weibliche und männliche Omelette-Freunde geben gute mittlere bis leitende Angestellte ab. Wenn zwei Omelette-Verliebte heiraten, bleiben meist beide berufstätig, weil die Frauen fast nie mit nur einem Einkommen zufrieden sind. Das kann zu Problemen in der Ehe führen. Die sexuelle Vitalität beider Geschlechter erleidet in der Lebensmitte einen Dämpfer. Die Männer haben eine durchschnittliche Konstitution und neigen zu Magen-Darm-Empfindlichkeiten. Die physisch robusten und gesunden Frauen besitzen zuweilen eine instabile Psyche. Omelette-Möger erreichen ein durchschnittliches Lebensalter.

Rind/Kalb

Rindfleisch-Freunde spielen gern das Unschuldslamm

Arbeit und Reichtum

Wer nie Zeuge war, wenn ein Tier geschlachtet wird, mag einen Rinderbraten mit seinem marmorierten Fleisch vielleicht für appetitlich halten. Alle anderen wundern sich, wieviel der Rindfleisch-Esser mit dem Tier unter seiner Messerklinge gemein hat! Unsere japanischen Vorfahren waren gemäß buddhistischer Lehre streng gegen das Schlachten und Verzehren von Tieren.

Auf den ersten Blick scheinen Rindfleisch-Freunde großherzig, in Wahrheit sind sie verschlagen und gerissen. Sie spielen mit Vorliebe das Unschuldslamm. Die Rolle des Unternehmers übt einen starken Reiz auf sie aus, doch leider laufen die Geschäfte selten so, wie sie anfangs hoffen. Das liegt höchstwahrscheinlich an ihrer Unfähigkeit zu sorgfältiger Recherche und langfristig angelegten Nachfaßaktionen. Diese Speichellecker, die sich ständig bei ihrem Chef lieb Kind machen, sind bei ihren Untergebenen alles andere als beliebt. Ihr Schicksal ist eine Abfolge von Wechselbädern, lange hält ihr Glück nie an.

Liebe und Familie

Sobald der männliche Rindfleisch-Freund an eine Beziehung glaubt, käme er nie auf die Idee, seine Partnerin zu verlassen. Zumindest nicht bis zum Zeitpunkt der Eheschließung, denn danach wird er ihrer schnell überdrüssig. Die Frauen glauben auch nicht voll und ganz an ihre Männer, so daß die Ehen oft in Gezeter und Trennung enden. Jenseits der Lebensmitte erleben sowohl Männer als auch Frauen einen Rückgang ihres sexuellen Durchhaltevermögens. Wer dem ungezügelten Rindfleischkonsum frönt, muß sich auf Bluthochdruck, Herzprobleme, Krebs und vielfältige andere Beschwerden gefaßt machen. Hamburger-Fans sollten auf ihre Salz- und Fettzufuhr achten – und darauf, daß sie nicht zu viele Kilos mit sich herumschleppen.

Schweinefleisch

Schweinefleisch-Fans sollten sich das Prahlen abgewöhnen

Arbeit und Reichtum

Wer von Schweinefleisch nicht lassen kann, sollte wenigstens Schadensbegrenzung betreiben, indem er die Fettstellen wegschneidet und eine doppelte Portion grüner Gemüse dazu verzehrt. Auch ein paar Spritzer Zitrone können potentielle Negativeffekte nicht nur von Schweinefleisch, sondern von Fleisch und Fisch allgemein wenigstens teilweise neutralisieren.

Schweinefleisch-Fans sind keine Intelligenzbestien, wohl aber harte Arbeiter. Wenn sie in Rückstand geraten, schieben sie die Schuld gern auf andere, statt zu akzeptieren, daß sie schlechte Leistungen eigener Inkompetenz verdanken. Nach außen der perfekte »Partylöwe«, tendieren sie im sozialen Miteinander zu Selbstüberschätzung: Die Zuhörer zweifeln, daß alles Gold ist, was da glänzt. Diese Prahler und Phantasten lieben es, zu übertreiben und andere im falschen Nebel ihrer Illusionen einzufangen. Wenn es hart auf hart kommt, glänzen sie meist durch Abwesenheit. Materiell geht es ihnen trotzdem nicht schlecht, manchmal haben sie sogar eine finanzielle Glückssträhne.

Die Schweinefleisch-verzückte Frau ist ihrem männlichen Gegenpart überlegen: Bestimmt, unbeirrbar und selbstsicher, kommt sie gut mit ihren Mitmenschen aus. Obwohl sie anderen stets hilfreich zur Seite steht, bringt man ihr selten volles Vertrauen entgegen. Ihr Schicksal hängt davon ab, wie gut sie die Herausforderungen meistert, die sie erwarten.

Liebe und Familie

Männer, die sich gern den Bauch mit Schweinefleisch vollschlagen, sind egoistisch und eifersüchtig. Wenn deren Frauen dieses Verhalten nicht paßt, schicken sie sie kurzerhand zum Teufel. Die Schweinefleisch-betörte Frau präsentiert sich zunächst als heißblütige Geliebte, deren Feuer allerdings schnell verglüht. Auch sie neigt zum Egoismus und kümmert sich nicht genug um die Bedürfnisse des Partners. Deshalb kommt sie nur selten in den Genuß echten Liebesglücks. In der Ehe sind Schweinefleisch-Fans zu pingelig und kleinkariert. Diese Paare streiten oft und drohen sich dann gegenseitig mit dem Gang zum Scheidungsanwalt.

Im Alter zwischen 30 und 40 erreichen sie die Blüte ihrer sexuellen Raffinesse, danach schwinden ihre Kräfte. Sie sollten auf der Hut sein vor Fettleibigkeit und ein wachsames Auge auf ihre inneren Organe haben. Fleisch – erst recht Schweinefleisch – darf nur in Maßen verzehrt werden. Wenn sie sich an diese Regel halten und obendrein viel Sport treiben, dürften sie relativ gesund bleiben.

Truthahn

Der Truthahn-Kulinariker: ein verbohrter Draufgänger

Arbeit und Reichtum

Wir Japaner essen nur selten Truthahnfleisch, während es in westlichen Nationen unter anderem als magerer Aufschnitt beliebt ist. Der legendäre Truthahnbraten hat bei den Amerikanern nicht nur am Erntedanktag Kultstatus: Er kommt in den Wochen vor Weihnachten und Neujahr öfter auf die reich gedeckte Tafel.

Truthahn-Spezialisten sind stur und haben ein schlechtes Gedächtnis. Sie versuchen, anderen ihre Meinung aufzuzwingen und halten sich für unbesiegbar. Mit ihrer draufgängerischen Art schaffen sie sich Freunde wie Feinde. Ihr mangelnder Weitblick führt manchmal dazu, daß sie bei wesentlichen Dingen scheitern. Wenn sie ihre Verbohrtheit nicht ablegen, spielt ihnen das Schicksal um so übler mit, je älter sie werden. Sie sollten kompromißbereiter sein und einsehen, daß nicht jeder ihren starken Willen hat.

Liebe und Familie

Auch in der Liebe reiten männliche Truthahn-Schmecker auf der Ego-Welle: Alles soll sich gefälligst nach ihrem Kopf drehen. Was ihre Partnerin denkt, interessiert sie wenig – eine Gleichgültigkeit, die sie selbst als Zeichen echter Männlichkeit werten. Unnötig zu sagen, daß diese triebgesteuerten Machos hinter jedem Rock herjagen.

Frauen mit Truthahn-Tick sind überaus leichtgläubig und oft wenig interessiert an den Irrungen und Wirrungen der Liebe. In der Ehe werden beide Geschlechter ihres Partners bald überdrüssig – ihr Motto: »Neue Besen kehren gut«. Für ein intaktes Familienleben müssen sie lernen, ihre Leidenschaft im Zaum zu halten und mehr Rücksicht auf andere zu nehmen, dann bewähren sie sich vor allem in der Elternrolle perfekt.

Die Truthahn-Gemeinde sollte, wie alle Fleisch-Fans, reichlich frisches Obst und Gemüse essen und zu viele Kalorien vermeiden.

ANMERKUNG: *Ich weise nochmals darauf hin, daß Fleisch im Zuge einer gesunden Ernährung nur sparsam gegessen werden sollte. Es gibt zwar Unterschiede, doch generell sind sämtliche Fleischsorten reich an mehrfach gesättigten Fettsäuren, deren gesundheitsschädliche Wirkung nachgewiesen wurde. Wer auf Fleisch nicht verzichten kann, sollte ausschließlich magere Frischware wählen. Reichlich frisches Obst und Gemüse als Ausgleich kann einige der negativen Effekte lindern.*

Chips, Süßes und mehr

Chips

Chips-Knabberer finden nie Ruhe

Arbeit und Reichtum

Chips sind ein beliebter Snack, vor allem bei Leuten, die es sich am liebsten zu Hause vor dem Fernseher gemütlich machen, die Füße hochlegen und – eine Tüte Chips leeren! Von ernährungswissenschaftlicher Warte aus läßt sich über Chips, Flips & Co. nichts Gutes sagen, denn sie strotzen nur so vor Fett und Salz. Wer glaubt, ohne Chips nicht leben zu können, sollte wenigstens die im Ofen ohne Fett gebackenen wählen und auf üppige Dips und Saucen verzichten. Die beliebte Chips-und-Cola-Kombination kompromittiert die Ernährung gleich doppelt.

Chips-Knabberer sind zwar meist fröhlich und heiter, oft aber auch spießig und pingelig. Sie finden keine Ruhe, knüpfen ständig neue Freundschaften an. Nur durchschnittlich intelligent, versprechen sie oft ihre Hilfe, realisieren diese guten Vorsätze aber nur selten. Ob im Beruf oder auf anderen Gebieten – diese Leute finden nie so recht ihren Platz, sie verlieren an Selbstvertrauen und ziehen weiter zum nächsten Projekt. Wenn sie diese Rastlosigkeit überwinden, bewähren sich Chips-Freaks im

Verkaufs- und Servicebereich. In Berufen, in denen sie anderen helfen oder mit ihnen zusammenarbeiten können, entfalten sie ihr Talent am besten.

Man kann nicht behaupten, daß Chips-Freunden besonderes Glück vergönnt wäre, aber sie sollten nie ihr Besserungsbemühen aufgeben oder ihre Träume verraten.

Liebe und Reichtum

Chips-versessene Männer sind Bilderbuch-Casanovas: Ob blond, ob braun, jung oder alt – sie verlieben sich in alle Frauen. Sobald sie die Angebetete erobert haben, erlischt jedoch ihr Interesse, und sie begeben sich auf die Jagd nach neuer Beute.

Chips-süchtige Frauen sind in der Liebe ein wenig zu nüchtern. Ihre Tendenz zu egoistischem Eigensinn macht sie kompromißunwillig, so daß ihnen die Verehrer nicht in Scharen nachlaufen.

In der Ehe spielen Chips-Fanatiker gern Spielchen und streiten oft. Manchmal nehmen sie sich nicht genügend Zeit, um ihren Kindern Disziplin beizubringen und ihr Vertrauen zu gewinnen – eigentlich oberstes Ziel aller Eltern.

Chips-Knabberer sollten genau auf ihre Gesundheit und die schlanke Linie achten. Vor allen Dingen Jugendliche müssen davon abgehalten werden, in die Fett-/Fastfood-Falle zu tappen, denn in jungen Jahren erworbene schlechte Ernährungsgewohnheiten lassen sich später nur schwer wieder ausmerzen.

Eiscreme

Eiscreme-Anhänger arbeiten gern im Team

Arbeit und Reichtum

Im alten Japan trug Eiscreme den Namen »Eiskonfekt«. Für die Herstellung wurden Milch, Kondensmilch, Eigelb, Zucker, Maisstärke und Aromastoffe verrührt, aufgekocht und dann gefroren. Besonders in der warmen Jahreszeit ist die kühle Erfrischung enorm beliebt – bei uns bedeutet Eis Sommer pur!

Normalerweise sind Eiscreme-Anhänger ruhig und ausgeglichen, aber wehe, man reizt sie zu sehr! Dann brennen ihnen schnell die Sicherungen durch. Einmal aus der Fassung geraten, dauert es eine Weile, bis sie sich wieder fangen. Mit ihrem gewissenhaften Naturell sind sie fest entschlossen, keine Fehler zu machen. Sie lernen gern, ohne ihre Leistungen sehr zu verbessern. Mit sich selbst sind Eiscreme-Schlecker selten zufrieden – deshalb suchen sie den Kontakt zu anderen. Sie arbeiten gern im Team. Als Einzelunternehmer haben sie keine guten Erfolgskarten.

Liebe und Familie

Eis-anbetende Männer verhalten sich der Partnerin gegenüber rücksichtslos, dominant und gebieterisch. Außerdem sind ihre anfangs romantischen Gefühle selten von Dauer. Ihr weibliches Pendant hingegen ist sanftmütig und liebevoll – ihr fällt es leicht, einen Ehekandidaten zu finden. Das Familienleben der Eis-Schlecker wird von Hochs und Tiefs geprägt, aber wenn die Ehemänner ihren Frauen das Ruder überlassen, verläuft es insgesamt glücklich.

Eis-Sympathisanten besitzen normale sexuelle Fähigkeiten. Wer oft Eis essen und trotzdem schlank und gesund bleiben will, sollte aus entrahmter Milch oder Joghurt hergestelltes Fruchteis wählen.

Honig

Im Honig schlummert das Geschenk wahrer Liebe

Arbeit und Reichtum

Honig ist eines der wunderbarsten Geschenke, die die Natur uns macht. Das Bienenprodukt eignet sich gut als Zuckerraffinade-Ersatz und kann zum Süßen diverser Speisen verwendet werden. Trotzdem sollte man auch Honig nur sparsam genießen.

Honig-Freunde sind präzise, tiefe Denker mit akademischer Neigung. Sie verstehen sich gut mit anderen und ernten deshalb viel Vertrauen. Gruppenaktivitäten mögen sie sehr, ihr Freundeskreis ist bunt gemixt. Sie sind fleißig wie die Bienen, die ihre Lieblingsspeise produzieren, und daher wie geschaffen für die Selbständigkeit. Bei ihnen stimmen die Resultate, und ihr Glücksfaktor bessert sich kontinuierlich.

Liebe und Familie

Vielleicht nicht so tiefschürfend wie Goethe, doch so leidenschaftlich wie sein Protagonist Werther ist die männliche Honig-Horde allemal. Anders die Frauen: Ihre Nüchternheit und kühle Sachlichkeit bei der Partnerwahl kann einen auf die Palme bringen. Honig-löffelnde Ehemänner setzen auf totale Gleichberechtigung und unterstützen die berufliche Karriere ihrer Frau mit fliegenden Fahnen. Die Ehen Honig-liebender Frauen sind glücklich und dauerhaft. Sowohl Männer als auch Frauen sind gute Sexgefährten, denen die Befriedigung beider Partner am Herzen liegt.

Joghurt

Mit dem nötigen Selbstbewußtsein bringen es Joghurt-Jünger zu Ruhm und Ehre

Arbeit und Reichtum

In Japan hat Joghurt in den letzten Jahren wachsenden Zuspruch als Dessert erlangt. Viele bevorzugen es als Alternative zu Eiscreme. Wer Joghurt liebt, sollte fettarme Sorten wählen oder – noch besser – frische Früchte kleinschneiden und selbst hineinrühren.

Joghurt-Jünger sind aktive, gutgelaunte Zeitgenossen mit ausgezeichnetem Gedächtnis. Sie mögen Menschen, sind tüchtig und haben einen messerscharfen Verstand. Berufliche Aufgaben meistern sie gut, und ihr Leben verläuft relativ störungsfrei. Im sozialen Rahmen mischen sie sich unter das Volk und fallen nicht weiter auf. Je mehr Selbstvertrauen und Eigenständigkeit sie entwickeln, um so mehr Ruhm und Anerkennung ernten sie.

Liebe und Familie

Sein lebenslustiges Wesen macht den männlichen Joghurt-Esser interessant für seine Partnerin, die ihn allerdings manchmal für berechnend und knauserig in Gelddingen hält. Dieses Pfennigfuchsertum nehmen sie mit in die Ehe, was zu deren Scheitern beitragen kann. Die Ehefrau verhält sich ihrem Gatten gegenüber liebevoll – leider fehlt es ihr an Pfeffer, vorrangig in den ersten Jahren nach der Heirat. Im Bett ist die Joghurt-Schar nur Durchschnitt.

Joghurt ist sehr gesund, denn Joghurtkulturen verbessern die »positiven« Bakterien der Darmflora und fördern die Verdauung. Vor allem nach Einnahme antibiotischer Mittel, die sowohl schädliche als auch nützliche Bakterien vernichten, sollte man oft zum Joghurtbecher greifen.

Karamelbonbons

Bloß nicht die Kreditkarte zücken!

Arbeit und Reichtum

Vor nicht allzu langer Zeit waren Karamelbonbons die unangefochtenen Spitzenreiter unter den Lieblings-Süßigkeiten japanischer Kinder. In Wachspapier verpackt und feinsäuberlich in ihren Schachteln aufgereiht, erinnerten sie an tapfere Mini-Soldaten. Für die Karamelherstellung läßt man Zucker, Toffeemasse und Milch aufkochen und erkalten. Die harte Masse wird dann in kleine Würfel geschnitten und einzeln verpackt.

Karamel-Kameraden sind umgänglich, hilfsbereit und haben viele Freunde. Mitunter mündet ihr Interesse an den Mitmenschen in Indiskretion und Neugierde. Sich in fremde Angelegenheiten einzumischen prädestiniert sie für eine Rolle als Lobbyist oder Politiker. In praktischen Dingen wenig begabt, sollten Karamel-Fans berufliche Aufgaben wählen, in denen sie nur eine unterstützende Funktion haben. In Führungspositionen tun sie ansonsten gut daran, kompetente Berater um sich zu scharen.

Bis zum mittleren Lebensabschnitt geht es ihnen finanziell nicht schlecht, danach häufen sich meist die Probleme. Wenn sie die Kreditkarte in der Tasche lassen, haben sie nicht viel zu befürchten. Andernfalls droht ihnen der finanzielle Ruin.

Liebe und Familie

Bei männlichen Karamel-Lutschern ist Vorsicht geboten: Ihre Libido kennt kaum Grenzen! Später entpuppen sich männliche wie weibliche Karamel-Fans als durch und durch normale Eheleute. Nach der Heirat erleben sie eine harmonische Flitterwochenperiode, dann läßt das Interesse am Partner rapide nach. Auch ihre sexuellen Fähigkeiten flauen zusehens ab, was sie jedoch nicht daran hindert, sexuellen Phantasien nachzuhängen – leider hält der Körper oft nicht dem stand, was der Kopf sich erträumt.

Wie alle Süßmäuler müssen sich auch Karamel-Kameraden vor einem zu hohen Zuckerkonsum in acht nehmen. Sie sollten versuchen, sich mit frischem Obst und Gemüse anzufreunden und nur noch ab und zu ein Karamelbonbon auf der Zunge zergehen zu lassen.

Kekse

Keks-Liebhaber sind sympathisch und rücksichtsvoll

Arbeit und Reichtum

So wie Japanerinnen schon früh in die Teezeremonie und die Kunst schöner Blumenarrangements eingewiesen werden, so lernen die Mädchen im Westen traditionell von ihren Müttern das Plätzchenbacken. Früher servierte die Hausherrin zum Nachmittagsplausch fast immer selbstgebackene Kekse.

Keks-Liebhaber sind sympathisch und unkompliziert. Sie genießen materiellen Wohlstand, den sie allerdings aufs Spiel setzen, wenn sie sich Illusionen hingeben und in windige Abenteuer stürzen. Solange sie vorsichtig bleiben und keine übertriebenen Risiken eingehen, können sie ihr materielles Polster bis zum Schluß erhalten. Es ist wichtig, daß sie Vorsorge für schwere Zeiten treffen. Die Keks-Gemeinde versteht sich exquisit auf die Kunst der Kommunikation, besonders wenn es um das geschickte Einbeziehen des Partners in das Gespräch geht.

Wenn sie über die Mittel verfügen, kosten Keks-Freunde ihre Rolle als Mitglieder der feinen Gesellschaft bis zum Exzeß aus. Sie lieben Feste und andere Formen sozialen Miteinanders. Ihre eilfertige Hilfsbereitschaft bringt ihnen manchmal den Ruf ein, neugierig und aufdringlich zu sein.

Liebe und Familie

Sowohl männliche als auch weibliche Keks-Freunde führen fruchtbare Beziehungen, denn sie bemühen sich, die Gefühle des Partners nicht zu verletzen. Ihr Ehe- und Familienleben ist erfüllend und interessant. Bei den richtigen Ehemännern werden die Frauen zu Paradebeispielen für die neue emanzipierte Weiblichkeit.

An ihrer sexuellen Kraft ist bis zur Lebensmitte nichts auszusetzen, dann läßt sie jedoch langsam nach. Sofern sie nicht bergeweise Plätzchen verdrücken, bleiben sie gesund. Fett- und zuckerreduziertes Gebäck wäre langfristig besser für Figur und Gesundheit.

Ketchup

Ketchup-Fans sind klug und populär

Arbeit und Reichtum

Der erste Schritt bei der Herstellung von Tomatenketchup ist das Überbrühen der Tomaten mit heißem Wasser, worauf sich die Haut leicht abziehen läßt. Danach werden die gehäuteten Tomaten zerdrückt und heruntergekocht und zum Schluß Salz, Süßmittel, Gewürze und Aromen beigefügt. Mit dem Fertigprodukt werden verschiedene Speisen geschmacklich „aufgepeppt". Für das Rot der Tomaten verantwortlich sind die Nährstoffe Karotin/Vitamin A, die müde Körper wieder in Schwung bringen. Mehr Nährwert besitzen freilich roh verzehrte Tomaten.

Ketchup-Fans sind klug und populär. Diese wißbegierigen Denker freuen sich, wenn sie neue Territorien erkunden können. Fleißig wie sie sind, erklimmen sie die Karriereleiter Sprosse für Sprosse. Sofern sie einen Job finden, der zu ihrer Persönlichkeit paßt, gibt es keinen Zweifel, daß sie es ganz nach oben schaffen. Weibliche Ketchup-Genießer arbeiten genauso hart und gut wie die Männer. Sie wollen alles aus eigener Kraft schaffen, und weil sie klug und begabt sind, erreichen sie fast jedes Ziel, das sie sich stecken.

Liebe und Familie

Ketchup-versessene Männer sind in romantischen Angelegenheiten stark und beharrlich – sie geben niemals auf. Die Frauen haben viele Beziehungen, denen es nicht an Ernsthaftigkeit mangelt. Das Eheleben dieser Menschen verläuft friedlich, oft auch fad, ohne Überraschungen. Männliche Ketchup-Genießer sind sexuell leistungsfähig, allerdings nicht bis an ihr Lebensende. Die Evas sind zwar sexuell nicht sehr ausdauernd, aber überaus genußfähig. Das Zusammensein mit ihnen entpuppt sich als äußerst befriedigend.

Generell erfreut sich die Ketchup-Fraktion guter Gesundheit, wobei sich die Männer vor Entzündungen, Geschwüren und sonstigen Problemen im Magen- und Dickdarmbereich hüten sollten. Bei den Frauen besteht ein Hang zu Unterleibsbeschwerden. Beiden Geschlechtern ist eine recht lange Lebensdauer beschert. Sie haben hübsche und intelligente Kinder, die ohne Probleme aufwachsen. Die Ketchup-Fraktion ist in jedem Beruf erfolgreich, wobei die Männer unter anderem für Forschungsaufgaben prädestiniert sind, während sich unter den Frauen viele glänzende Autorinnen und Literatinnen befinden.

Marmelade

Weibliche Marmelade-Mäuler sind unvernünftig und flatterhaft

Arbeit und Reichtum

Marmeladen werden durch Einkochen von Früchten mit Zucker hergestellt. Eine Unterkategorie sind Konfitüren, die noch erkennbare Fruchtstücke aufweisen müssen. Ältere Damen und Kinder, vor allem wenn sie unter Stärkemangel leiden, lieben das süße Fruchtmus. Je nach verwendeter Obstsorte können Marmeladen einen recht hohen Säuregehalt haben.

Marmelade-Mäuler ziehen oft voreilige Schlüsse und reden sich leicht um Kopf und Kragen. Weil sie das wissen, versuchen sie stets, sich unauffällig im Hintergrund zu halten. Dabei sind sie populärer, als sie annehmen. Sie haben viele Freunde und werden als sehr gesellig geschätzt. Die vielen Höhen und Tiefen in ihrem unsteten Leben setzen ihnen gehörig zu, und speziell in späteren Jahren präsentiert sich ihr Glücksfaktor als ausgesprochen launisch.

Die Frauen der Marmeladen-Crew sind durchschnittlich intelligent, aber es mangelt ihnen an Lernbereitschaft. Vernunft besitzen sie kaum, sie flattern von einem Projekt zum nächsten. Weil sie sich einbilden, alles allein machen zu müssen, fallen sie öfters auf die Nase. Ihr Glücksfaktor ist bescheiden. Die Männer unter den Marmeladen-Schnäbeln eignen sich für Aufgaben, die Köpfchen verlangen; kommen ihre grauen Zellen nicht genügend zum Einsatz, bleiben sie am unteren Ende der Karriereleiter kleben. Die Frauen sind gute, dienstfertige Hausfrauen, die sich, wenn sie berufstätig sein wollen, am besten einen Job suchen, den sie daheim erledigen und damit ihren Mann unterstützen können.

Liebe und Familie

Diese Männer erleben fantastische Liebesbeziehungen, sofern sie eine Partnerin finden, die ihre Gefühle erwidert. Andernfalls verlaufen ihre Affären sehr einseitig. Die Marmelade-löffelnde Frau ist Erotischem gegenüber aufgeschlossen, doch mit der Beständigkeit hapert es, so daß sie ihrer Partner rasch überdrüssig wird. In der Ehe behandeln die Männer ihre Frauen gut, haben aber den Fehler, Kleinigkeiten übertrieben aufzubauschen. Sexuell haben sie ihren oft leidenschaftlosen Frauen einiges voraus. Wenn diese Ehefrauen mal in Stimmung für Sex sind, berauschen sie sich eher an ihren Fantasien als am Partner.

Die männliche Marmeladen-Crew hat zwar öfters Magenprobleme, bleibt aber von schweren Krankheiten weitgehend verschont. Wunde Punkte sind auch Nieren und Haut. Die Frauen werden regelmäßig vom PMS-Syndrom heimgesucht und geraten wegen schlimmer Krankheiten manchmal an die Schwelle des Todes. Beginnen beide Geschlechter rechtzeitig, auf Magen und Verdauungsorgane zu achten, erreichen sie ein stattliches Alter.

Mayonnaise

Die Mayonnaise-Lobby tritt oft ins Fettnäpfchen

Arbeit und Reichtum

Manche mögen den Geschmack von Mayonnaise als bittersüß bezeichnen und fühlen sich dadurch an ihre erste Liebe erinnert. Mayonnaise entsteht durch energisches Verrühren von Eiern, Senf, Pfeffer, Salz, Salatöl und Zitronensaft. Sie ist eine besonders delikate Begleitung zu Gemüsesalaten. Mayonnaise-Schwärmer sind gescheite Köpfe, scheinen aber stets von einem Hauch Düsternis umgeben. Obwohl man sie sehr respektiert, treten sie häufig ins Fettnäpfchen und beschwören Mißverständnisse herauf. Ihre ruhige, gesammelte Art wird oft mißverstanden und als kaltes, berechnendes Kalkül interpretiert. Diese schwachen Charaktere machen viel Kummer durch, und obwohl sie nach außen hin nicht so wirken, sind sie in ihrem Herzen meist sehr einsam.

Erfolgreich ist die Mayonnaise-Lobby vor allem dann, wenn sie das Geschäft ihrer Eltern weiterführt. Aufgrund ihrer mathematischen Fähigkeiten findet man hier viele Beamte, Buchhalter oder Vertreiber von Kleidung oder Elektrogeräten. Die Frauen haben keine speziellen beruflichen Eignungen; sie sind am glücklichsten, wenn sie für ihre Männer arbeiten können.

Frauen, die nach Mayonnaise lechzen, fehlt es oft an Geduld und Ausgeglichenheit. Ihr attraktives Erscheinungsbild steht im Kontrast zu einer dunkleren Seite. Sie sind leicht zu beeinflussen, und wenn sie heiraten, hängt ihr finanzielles Glück vom Partner ab. Wenn die Ehemänner ihre Stärken und Schwächen besser kennenlernen, kann das für die Frauen nur von Vorteil sein.

Liebe und Familie

Männliche Mayonnaise-Schwelger sprühen vor Leidenschaft und sexueller Kraft. Allerdings flackert ihr Feuer wiederholt auf und erlischt ebenso schnell wieder, was in der Ehe Spannungen erzeugen kann. Ihren Frauen fällt es schwer, sich auf sie zu verlassen, und obwohl sie behaupten, ihren Männern zu trauen, tun sie es tief im Herzen nur selten.

Die Frauen haben oft eine fragile Konstitution. Sie ermüden schnell, und ihr Klimakterium setzt meist um das 50. Lebensjahr herum ein. Obwohl die Mayonnaise-Lobby nach außen kerngesund erscheint, neigen die Männer zu Herz- und Leberproblemen, die Frauen zu niedrigem Blutdruck und Rückenleiden.

Popcorn

Die Popcorn-Partei nimmt kein Blatt vor den Mund

Arbeit und Reichtum

Popcorn hat sich als beliebte Knabberware etabliert, die im Kino oder vor dem Fernseher besonders lecker schmeckt. Gesünder ist Popcorn mit wenig Salz bzw. Zucker und mit cholesterinarmem Pflanzenfett statt mit Butter zubereitet.

Die Mitglieder der Popcorn-Partei sind keine großen Denker, aber ihr gutmütiger Charakter macht sie allseits beliebt. Sie strotzen vor Unternehmergeist: Je gewaltiger ein Projekt, um so besser! Der Erfolg fällt ihnen zu, und sie bringen es zu einigem Wohlstand. Bis zur Lebensmitte wächst ihr Reichtum in Riesensprüngen, danach stabilisiert sich die Lage.

Der Hauptfehler der Popcorn-Eva ist, kein Blatt vor den Mund zu nehmen. Sie ist zu offen und geradeheraus und manövriert sich damit manchmal in Schwierigkeiten. Finanziell fehlt es ihr an nichts, und sie hegt eine Vorliebe für extravagante Kleidung. Auch als Single genießt sie einen hohen Lebensstandard und hat zahlreiche männliche Freunde.

Liebe und Familie

Männliche und weibliche Popcorn-Fans glauben fest an die Kraft romantischer Liebe. Verheiratete Popcorn-Romeos führen ihre Frauen öfter hinters Licht und gefährden mit übertriebenen Eskapaden ihre Ehe. Allerdings würden sie ihre Frau nie verlassen, was auch immer passiert. Umgekehrt käme die Popcorn-Eva nie auf die Idee, ihren Partner zu betrügen. Beide Geschlechter verfügen über gute sexuelle Fähigkeiten, speziell in der ersten Lebenshälfte, die dann aber rasch nachlassen.

Bei mäßigem Butter- und Salzkonsum erfeut sich die Popcorn-Partei allgemein guter Gesundheit.

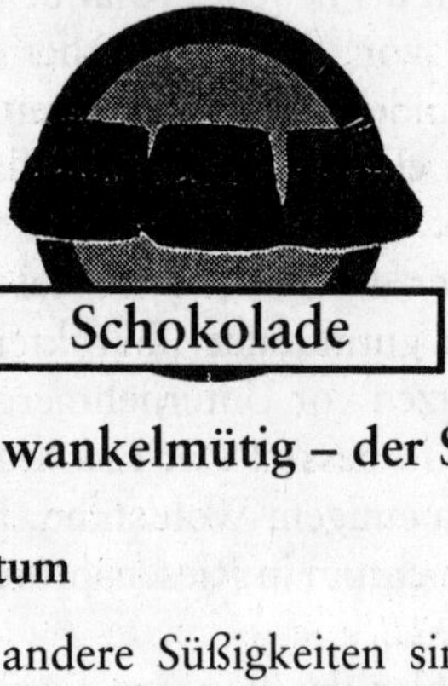

Schokolade

Gutgläubig & wankelmütig – der Schoko-Freak

Arbeit und Reichtum

Schokolade und andere Süßigkeiten sind bei Kindern, weil sie es nicht besser wissen, heißbegehrt, doch die Eltern dürfen die zahnschädigende Wirkung nicht vergessen. Wer als Erwachsener tafelweise Schokolade vertilgt, für den gibt es keine Entschuldigung – auch nicht zu Weihnachten oder am Valentinstag! Gegen einen Schokoladenriegel ab und zu ist nichts einzuwenden, aber viele übertreiben es und werden zu regelrechten Schoko-Junkies. Das ist um so schlimmer, wenn man bedenkt, daß Schokolade nur leere Kalorien enthält.

Schokoladen-Genießer sind fast immer sympathisch und freundlich. Leider neigen sie zu übertriebener Gutgläubigkeit und lassen sich beinahe jeden Bären aufbinden. Oft hält man sie für geistige Fliegengewichte, doch in Wahrheit sind sie nur extrem wankelmütig. Wenn sie ruhiger werden und es länger in einem Job aushalten, lacht ihnen in späteren Jahren das Glück.

Die Schokoladen-Fraktion versteht sich gut auf Zahlen, während sie für Berufe, die manuelles Geschick erfordern, ungeeignet ist. Sie sind gute Büroangestellte, die Karriereleiter erklimmen sie so gut wie nie.

Liebe und Familie

Männer und Frauen, die süchtig nach Schokolade sind, haben genaue Vorstellungen, wie ihre Partner sein sollen. Sobald sie sich verlieben, setzen sie allerdings die rosa Brille auf und idealisieren das Objekt ihrer Zuneigung. Ihren Ehepartnern bringen sie viel Liebe und Zuneigung entgegen, wenn da nicht ihr Hang zu extremer Eifersucht wäre.

Sexgedanken beschäftigen diese Menschen ungemein; problematisch ist nur, daß ihre körperlichen Fähigkeiten mit dem Kopf nicht mithalten können. Auch für sie gilt der Rat, ihre Ernährung so umzustellen, daß sie mehr frisches Obst und Gemüse enthält. Sie würden staunen, wie schnell Ihre Gier nach Süßem nachläßt, wenn Sie sich erst an eine vernünftige Ernährung mit vielen Ballaststoffen gewöhnt haben. Dann werden Sie beim Anblick von Schokolade nicht mehr gleich aus dem Häuschen geraten, sondern lernen, sie in Maßen statt in Massen zu genießen – Stück für Stück.

Getränke

Bier

Bier-Freunde beklagen sich selten

Arbeit und Reichtum

Unter den alkoholischen Getränken der arbeitenden Bevölkerung Japans rangiert Bier einsam an der Spitze. Viele Berufstätige machen auf dem Nachhauseweg kurz in der Kneipe halt, um sich ein kühles Blondes zu genehmigen. Eine erfrischende Einstimmung auf den Feierabend!

Wer Bier liebt, neigt dazu, dem Schicksal freien Lauf zu lassen, statt es aktiv in die Hand zu nehmen. Diese Menschen beklagen sich selten und rennen nicht jedem Modetrend hinterher. Sie treffen viele Leute, und obwohl sie auf den ersten Blick sehr kontaktfreudig scheinen, brauchen sie intensive Phasen des Alleinseins. Bierkrug-Stemmer besitzen bessere manuelle als mentale Fähigkeiten – sie können gut mit Zahlen umgehen, aber noch größer ist ihr handwerkliches Geschick. Wenn sie hart arbeiten und Beharrlichkeit an den Tag legen, haben sie am Ende Erfolg.

Liebe und Familie

Bier-trinkende Männer sind leidenschaftliche Liebhaber, die einige Hochs und Tiefs in Kauf nehmen müssen. Die weibliche Bier-Genießerin denkt in Herzensfragen oft rationell. Diese Paare führen eine relativ glückliche Ehe, wenn sie sich auch hin und wieder kabbeln. Wenn sie das Trinken nicht übertreiben, behandeln sie ihre Kinder liebevoll und sind vorbildliche Eltern.

Bier-Schlürfer sind zwar keine Superstars im Bett, haben aber ihr Leben lang guten Sex. Um gesund und glücklich zu bleiben, sollten sie ihren Bierkonsum zügeln. Wenn Gemüsesticks, ungesalzene Nüsse oder andere gesunde Kleinigkeiten den Weizensaft begleiten, reagiert der Körper weniger stark auf den Alkoholgehalt.

Cola-Freaks sind leichtfertig und impulsiv

Arbeit und Reichtum

Ob Cola wirklich so spritzig-erfrischend ist, wie es großformatige Werbeplakate suggerieren, muß jeder selbst beurteilen. Manche Leute können mit dem Geschmack von Coca Cola nichts anfangen. Das koffeinhaltige Getränk made in USA, dessen Zusammensetzung geheim ist, gibt es inzwischen in fast allen Ländern der Welt. In den 60er Jahren sprach man in diesem Zusammenhang von einer »Cola-Kolonisierung«.

Cola-Freaks besitzen ein scharfes Denkvermögen, ermüden allerdings rasch und werfen dann die Flinte ins Korn. So frisch und flott wie in der Werbung sind sie jedenfalls selten! Es handelt sich um sehr durchschnittliche Zeitgenossen, was ihre Talente als auch ihre Erfahrungen betrifft. Sie neigen zur Leichtfertigkeit, Impulsivität und bisweilen zu Jähzorn. Trotzdem bringt man ihnen Sympathie entgegen. Sie eignen sich weder für Jobs, in denen sie unabhängig und auf sich selbst gestellt arbeiten müssen, noch für solche, die Aufmerksamkeit für Details verlangen. Am erfolgreichsten behaupten sie sich als Mitglieder größerer Teams oder Organisationen.

Liebe und Familie

Cola-schluckende Männer werden vom anderen Geschlecht wegen ihre eigensüchtig-penetranten Art oft als unsympathisch empfunden. Die Cola-trinkende Frau muß aufpassen, daß die Männer sie nicht an der Nase herumführen. Sie darf nicht vergessen, sich auf eigene Kräfte zu besinnen, um wirklich erfolgreich zu sein.

In der Ehe wirkt der männliche Cola-Freak manchmal unsagbar klug und weise – und manchmal wie der größte Einfaltspinsel. Das Eheleben Cola-mögender Frauen verläuft in der Regel ziemlich problemlos. Obwohl der Cola-verrückte Ehemann oft ein übertriebenes Sexinteresse zeigt, ist seine Ausdauer zuweilen eher mies. Wieviel Gewicht die Frau dem Erotikthema beimißt, hängt meistens vom Interesse ihres Gatten ab.

Cola-Freaks sollten sich vor Augen führen, daß ihr Lieblings-Getränk nichts anderes ist als gefärbtes Wasser, mit viel Zucker verrührt – von Nährwert keine Spur.

Kinder, die viel Cola schlürfen, sind oft hyperaktiv. Die Cola-Clique sollte Geschmack an frischen Fruchtsäften und anderen gesunden Getränken finden.

Grüner Tee

Ernährungswissenschaftler entdecken jeden Tag neue Gesundheitsnutzen in grünem Tee

Arbeit und Reichtum

Seit Jahrhunderten genießt die Teezeremonie in Japan Kultstatus. Moderne Ernährungswissenschaftler entdecken fast jeden Tag einen neuen Gesundheitsnutzen des grünen Tees. Angeblich verringert er das Risiko von Magen- und anderen Krebsarten und senkt die Wahrscheinlichkeit kardiovaskulärer Erkrankungen. Forscher einer großen japanischen Universität berichteten 1991, bei Rauchern, die regelmäßig grünen Tee trinken, würden seltener Krebstumoren beobachtet als bei Rauchern, die das nicht tun. Das ist natürlich keine Legitimation, zum Glimmstengel zu greifen!

Liebhaber von grünem Tee haben häufig Gäste im Haus. Man vertraut ihnen, obwohl sie nicht gern große Unannehmlichkeiten für andere auf sich nehmen. In Literatur und Mathematik sind sie sehr begabt. Wenn sie sich auf diese Gebiete spezialisieren, haben sie beruflichen Erfolg, als Unternehmer sind sie dagegen ziemliche Nieten. Sie arbeiten gern allein an Projekten, die nicht profitorientiert sind. Folgen sie ihren natürlichen Interessen, winkt ihnen besonders in mittleren Jahren das Glück. Wird ihr kreatives Talent unterdrückt, schürt das ihre Unzufriedenheit und bedingt, daß sie später oft ihr ganzes Leben in Frage stellen.

Liebe und Familie

Frauen, die grünen Tee lieben, warten ab, bis der Mann den ersten Schritt zur romantischen Annäherung tut – ein Garantieschein für eine solide Ehe. Zunächst extrem wählerisch, ist die Treue dieser Frauen, nachdem sie sich verliebt haben, durch nichts zu erschüttern. Die Männer sind als Liebhaber vielleicht nicht sehr feurig, aber ausdauernd; die Frauen, obwohl sexuell wenig offensiv, finden durchaus Gefallen am Sex. Männer mit einer Schwäche für grünen Tee sollten mehr Zeit mit der Familie verbringen.

Beide Geschlechter genießen ein relativ langes Leben bei guter Gesundheit.

Kaffee

Launisch, mit einem Hang zur Habgier – die Kaffee-Onkel und -Tanten

Arbeit und Reichtum

Auch wir Japaner – wie jeder weiß, keine eifrigen Kaffee-Schlürfer – haben inzwischen erkannt, daß eine gute Tasse Kaffee mit Sorgfalt zubereitet sein will. Wir haben gelernt, stärker auf die Herkunft der Bohnen, wie sie vermahlen werden sowie auf die Feinheiten des Kaffeekochens zu achten. Während es früher in Japan im wesentlichen nur drei Bohnensorten gab – arabischen Mocca, Kona aus Hawaii und Santos aus Brasilien –, bietet sich uns heute eine reichhaltige Auswahl zwischen unterschiedlichen Kaffeearomen aus allen Winkeln der Welt.

Wer von Kaffee nicht genug kriegt, ist durch und durch normal und kontaktfreudig. Obwohl auf den ersten Blick fröhlich und zugänglich wirkend, sind Kaffetrinker in Wahrheit oft launisch und nur schwer in der Lage, ihr Mißtrauen gegenüber anderen abzulegen. Diesen guten Planern fehlt es an Ausdauer, so daß sie oft verfrüht das Handtuch werfen und Projekte mittendrin abbrechen.

Die Kaffee-Meute sinnt gern darüber nach, wie sie zu Reichtum kommen könnte – ihr Hang zur Habgier ist unbestritten. Ihre finanzielle Situation präsentiert sich eher wechselhaft.

Liebe und Familie

Wenn sich in der Beziehung Probleme abzeichnen, schiebt der Kaffee-Onkel gern der Partnerin die Schuld in die Schuhe, nach dem Motto: »Schließlich hast du dich in mich verliebt und nicht umgekehrt!« Diese Typen zögern nicht, eine Verabredung Knall auf Fall abzubrechen, weil sie mit Freunden verabredet sind. Etwas mehr gentlemanlike stünde ihnen gut.

Die Kaffee-Tante ist ein Ausbund an Leidenschaft. Selbst wenn sie sich ernsthafter verliebt, ist das noch lange keine Haltbarkeitsgarantie für die Beziehung. In der Ehe sollten sich beide Geschlechter mehr auf das Familienleben konzentrieren und ihren Kindern gegenüber seltener die Nerven verlieren.

Kaffee-Onkel und -Tanten müssen lernen, das aufputschende Gebräu auf ein erträgliches Maß zu reduzieren, sonst sind Magen-Darm-Probleme und eine Anzahl anderer Beschwerden vorprogrammiert.

Limonaden

Der schrille Limonaden-Fan prahlt gern und viel

Arbeit und Reichtum

Limonaden löschen den Durst und erfrischen die Kehle. Dabei liest sich die Liste ihrer Zutaten aus ernährungswissenschaftlicher Sicht alles andere als eindrucksvoll. Wasser wird mit Salz, Karbonat (inorganisches Salz), sauren Fruchtsäften (ursprünglich Limonensaft), Zucker, künstlichen Farbstoffen, Aromastoffen und anderen Ingredenzien vermischt, dann wird Kohlensäure zugesetzt.

Limonaden-Pichler sind sehr von sich eingenommen und lieben das Prahlen. Sie schwimmen stets auf der neuesten Trendwelle, tragen gern schrille, ausgefallene Klamotten. Sie möchten für klug gehalten werden, doch erwischt man sie im falschen Moment, erkennt man ihre mangelnde Ernsthaftigkeit. In Wahrheit leiden diese Menschen oft unter Minderwertigkeitskomplexen. Limonaden-Fans machen sich zu viele Sorgen, und ihre finanzielle Situation ist alles andere als rosig. Sie sind leutselig und haben viele gleichgeschlechtliche Freunde, während das andere Geschlecht keine großen Stücke auf sie hält. Leider ist ihr Glücksfaktor nicht sehr hoch.

Liebe und Familie

Obwohl Limonaden-liebende Männer durchaus zu echten Gefühlen fähig sind, investieren sie nur selten die nötige Mühe, um eine lockere Affäre zu einer ernstzunehmenden Beziehung zu machen. Vielleicht fürchten sie, zu verletzlich zu werden. Limonaden-verzückte Frauen pflegen unverbindliche Freundschaften zu zahlreichen Männern. Anfangs geben Limonaden-Freunde gute Eheleute ab, doch dann werden sie ihrer Partner schnell überdrüssig. Ab 30 beginnt ihre sexuelle Stamina nachzulassen, dann geht es mit Leidenschaft und ihrem sexuellen Interesse bergab. Sie besitzen eine durchschnittliche Lebenserwartung.

Milch

Milch-Freunde lieben Heim und Familie

Arbeit und Reichtum

Ihr hoher Gehalt an Kalzium, Vitaminen und Mineralien macht Milch zum idealen Getränk für Kinder in der Wachstumsphase. Erwachsene sollten ihren Milchkonsum beschränken und lieber die fettarme Variante wählen, die mit etwas Gewöhnung genauso gut schmeckt wie Vollmilch.

Milch-Freunde sind aktiv und energiegeladen. Sie neigen zu übertriebener Logik. Mit durchschnittlichem Gedächtnis ausgestattet, besitzen sie exzellente planerische und kreative Fähigkeiten: In einer Brainstorming-Session schäumen sie nur so vor Ideen!

Milch-mögende Frauen sind überwiegend heiter und gutgelaunt, doch manchmal kippt ihre Stimmung um in Wutanfälle, Melancholie oder Depression. Als Gastgeberinnen zeichnen sie sich nicht besonders aus, während ihnen im Berufsleben das Vertrauen ihrer Vorgesetzten und ehrfurchtsvoller Respekt der Untergebenen sicher ist. Milch-Freunde eignen sich eher für Beraterjobs als für den Posten des Geschäftsführers. Ihr Wohlstand nimmt mit dem Alter zu.

Liebe und Familie

Milch-trinkende Männer sind in Liebesdingen nüchterner und berechnender als ihre milchverabscheuenden Geschlechtsgenossen. Ihre Gattinnen behandeln sie zwar nicht schlecht, wollen ihnen aber oft ihren Willen aufzwingen. Ehefrauen mit einer Vorliebe für Milch sind meistenteils sanftmütig und besonnen, können aber urplötzlich die Fassung verlieren. Wer gern Milch trinkt, hat eine Menge Freunde, was aber nicht heißt, von einer Party zur nächsten zu hetzen. Diese Menschen bleiben lieber zu Hause und schmieden Zukunftspläne im Familienkreis. Sie motivieren ihre Lieben zum Sparen und schaffen die materielle Basis für ein zufriedenes Leben.

Die Kinder der Milch-Freunde, sofern sie welche haben, sind wohlerzogen und strebsam. Lernen bereitet ihnen große Freude – viele besuchen die Universität und ergreifen später lukrative und angesehene Berufe. Die Gesundheit der Milch-Gemeinde ist ungetrübt, und wenn sie bei ihrem Lieblings-Getränk und ihrer sonstigen Ernährung auf wenig Fett Wert legt, winkt ein relativ langes Leben.

Sake

Sake-Süffler pfeifen auf Romantik im Schlafzimmer

Arbeit und Reichtum

In einem bei japanischen Studenten beliebten Lied heißt es sinngemäß: »Wie können wir Gott verehren ohne den Gott des Weins (Sake)?« In der altertümlichen Provinz Iwami wurde das Brauereierzeugnis aus Reis für Orakelzwecke benutzt. Man stellte eine mit gereinigtem Reis gefüllte Flasche in den Baumstamm einer alten Eiche und verschloß sie mit einem Stein. An einem bestimmten Feiertag im nächsten Jahr wurde geprüft, wieviel Reis in der Flasche übrig war: Viel Reis bedeutete eine üppige Ernte, wenig prognostizierte spärliche Erträge.

Einerseits mag man Sake-Huldiger für liberal, locker und großzügig halten. Aus anderer Warte betrachtet, müssen sie sich den Vorwurf gefallen lassen, nicht auf Details zu achten und Entscheidungen auf der Grundlage vager und sehr allgemeiner Informationen zu treffen. Ihr Wohlstand und Erfolg im Geschäftsleben verleitet sie zu großmütigen Angeboten: »Überlaß das ruhig mir!« Obwohl sie sozial kompetent und freundlich im Umgang mit Menschen sind, sollten Sake-Süffler aufpassen, nicht zuviel zu versprechen und Freunde dadurch skeptisch zu stimmen. Das Glück ist ihnen fast immer bis zur Lebensmitte hold. Wenn sie danach ihren Alkoholgenuß nicht reduzieren und sich mehr um ihre Gesundheit kümmern, verschlechtert sich ihre Situation drastisch.

Frauen, die Sake lieben, sind in fast allen Berufen erfolgreich, die Männer sollten Anwalt oder Wissenschaftler werden oder andere Beschäftigungen wählen, die sie überwiegend am Schreibtisch ausführen können.

Liebe und Familie

Sake-schluckende Männer sind notorische Schürzenjäger, und mit steigendem Alkoholspiegel sinken ihre Ansprüche an das Niveau der heftig umworbenen Kandidatin. Auch wenn sie behaupten, offen und ehrlich zu sein, ist Vorsicht geboten: Sie schwindeln, was das Zeug hält. In der Ehe zeigen sie sich egoistisch und dominant. Je länger sie ihre Frauen vernachlässigen, um so unzufriedener werden diese, und früher oder später kommt es zum Eklat oder gar Bruch.

Frauen, die jeglichem Alkoholgenuß frönen, haben oft kein Interesse an langfristigen Beziehungen. Sake-liebende Evas dagegen sind patent und pragmatisch. Sie geben ausgezeichnete Ehefrauen ab, denn mit ihrer tüchtigen Art greifen sie ihrem Mann unter die Arme, wann immer er ihre Hilfe braucht. Aber sie sollten sich intellektuell fortbilden, damit das Interesse ihres Ehemanns an ihnen nicht abflaut.

Die sexuelle Kraft der Sake-Süffler ist vielen Wechselschüben ausgesetzt; fest steht, daß sie mit ihren Schilderungen regelmäßig übertreiben. Sextechnisch sind sie selten versiert, und der Gedanke, eine romantische Atmosphäre im Schlafzimmer zu schaffen, ist ihnen verhaßt. Selbst wenn ihre Fähigkeiten anfangs keinen Anlaß zur Klage geben, stellen sich bereits in wenigen Jahren merkliche Einbußen ein.

Sake-Schwärmer müssen vor Leber-, Herz- und Nierenerkrankungen auf der Hut sein. Wer zuviel trinkt, stirbt früher als andere. Deshalb müssen sie ihren Sake-Konsum reduzieren, um von einer stabilen Gesundheit und einem langen Leben zu profitieren.

Schwarzer Tee

Arbeitet fleißig und mit Köpfchen – der Tee-Liebhaber

Arbeit und Reichtum

Schwarzer Tee wird hauptsächlich in Zentralasien hergestellt. Seinen Eroberungsfeldzug in Europa trat er im 16. und 17. Jahrhundert an. Man denke nur an die in Film und Literatur schwelgerisch inszenierten Teekränzchen der englischen Adelshäuser. Manche Leute versuchen, ihrem Tee eine dunklere, kräftigere Note zu geben, indem sie weniger heißes Wasser aufgießen oder – schlimmer noch – den Beutel mit dem Löffel ausdrücken. Diese Praktiken erhöhen die Konzentration der Tanninstoffe. Die Folge: Der Tee schmeckt bitter, sein Aroma ist zerstört. Am besten trinkt man Tee mit einem Spritzer Zitrone, die einige seiner potentiellen negativen Wirkungen verhindern hilft.

Tee-Liebhaber sind fleißige Arbeiter, die alle Aufgaben mit einer guten Portion Köpfchen erledigen. Wenn sie ihren Tee-Konsum beschränken, verdienen sie alles

Vertrauen der Welt. Besonders die Frauen sind charmant und gesellig. In einem Job, der zu ihrer Persönlichkeit paßt, haben sie grundsätzlich Erfolg. Tee-Schlürfer eignen sich speziell für Führungsposten in der Regierung oder im internationalen Wirtschaftsleben.

Liebe und Familie

Tee-verzückte Männer verlieben sich meist blind, während die Frauen vorsichtiger an Herzensangelegenheiten herangehen. Die Männer geben gute, wenn auch manchmal übertrieben eifersüchtige Ehemänner ab. Auch Frauen, die für Schwarztee schwärmen, bieten in der Ehe keinen Anlaß zur Klage, allerdings stellen Küche und Kinder allein sie selten zufrieden – sie wollen Karriere machen. Was den Sex angeht, so besitzen beide Geschlechter eine lobenswerte Ausdauer.

Statt süßem Gebäck sollten Tee-Liebhaber gesunde Kleinigkeiten zu ihrem Lieblings-Getränk konsumieren. Dann läßt ihre Gesundheit sie selten im Stich.

Wein

Wein-Pichler haben Mühe, Kredite zu bekommen

Arbeit und Reichtum

Wein ist ein alkoholisches Getränk mit zwei Gesichtern. Ein sorgfältig ausgesuchter Wein ist eine standesgemäße Begleitung zu einem eleganten Abendessen. Aber wir alle kennen auch die Karikatur des Penners, der mit billigem Fusel, in Zweiliter-Flaschen abgefüllt, durch die Gegend zieht. Wie für andere Alkoholika gilt auch für Wein: Maßhalten ist angesagt – nicht nur aus Gesundheitsgründen.

Wein-Kenner sind kultivierte Zeitgenossen mit einer großen Schwäche: Sie reden ohne Punkt und Komma. Die Konversation – egal, wie einseitig sie sein mag – ist ihr Steckenpferd. Von ihrem exzentrischen Wesen fühlen sich manche angezogen, andere eher abgestoßen. Der Wein-Pichler leiht fast jedem, der ihn bittet, Geld; allerdings hat er Mühe, selbst einen Kredit zu bekommen, wenn er dem Wein zu sehr frönt. Beruflich ist er ziemlich erfolgreich – gleichgültig, ob er allein oder mit Unterstützung anderer arbeitet.

Nörgler findet man reichlich in der Wein-Lobby. Lassen sich diese Leute von niederen Instinkten und Gelüsten treiben, bleiben ihre Freundschaften oberflächlich. Sie sollten die nobleren, »höheren« Aspekte ihrer Persönlichkeit stärker herausarbeiten. Ihre bis zum mittleren Lebensabschnitt relativ gute materielle Situation verschlechtert sich in späteren Jahren oftmals.

Liebe und Familie

Männer mit einem Faible für Wein sind sehr wählerisch, was das andere Geschlecht betrifft – sie haben starke Vorlieben und ebensolche Abneigungen. Dadurch fällt es ihnen schwer, sich häuslich niederzulassen. Auch die weibliche Fraktion ist in ihrem Urteil oft wankelmütig: »Der hält sich wohl für unwiderstehlich!« – oder ähnliche Gedanken schießen ihr immer wieder durch den Kopf.

Frauen, die kein Glas Wein verschmähen, haben viele Freundinnen, aber leider Pech mit Männern. Es fehlt ihnen nicht an Liebhabern, doch ihre Affären werden selten vertieft. Wollen sie irgendwann im Hafen der Ehe landen, sollten sie die Augen offen halten, um ihrem Märchenprinzen zu begegnen.

Wein-goutierende Ehemänner vermögen oft nicht, die Ansprüche ihrer Gattinnen zufriedenzustellen, die häufig den (mickrigen) Inhalt seiner Lohntüte beklagen. Bringt die Wein-pichelnde Frau das Geld nach Hause, verhält es sich umgekehrt meist genauso. Wenn sich die Wein-Lobby anstrengt, auftauchende Eheprobleme zu meistern, wartet am Ende das private Glück auf sie.

Die Libido der Wein-Liebhaber ist oft heftig, so daß im Bett die Funken sprühen! Sie sollten ihre Wein-Gelüste auf maximal ein oder zwei Gläser beschränken, die sie zu den Mahlzeiten trinken. Dann bleiben sie gesund und genießen ein langes Leben.

Kapitel 5: Persönlichkeits-bewertung

Die Bewertungsbarometer am Ende dieses Kapitels helfen Ihnen, Ihre eigene Persönlichkeit und die anderer Menschen besser einzuschätzen. Neben Mehrfachausfertigungen des Fragebogens/Arbeitsblatts finden Sie Anweisungen zur Testausführung. Seien Sie experimentierfreudig, und probieren Sie verschiedene Antworten aus. Sie werden sehen: Es macht Spaß!

SO EINFACH GEHT'S:

1. Die Lieblingsessen aus dem NAHRUNGSGRUPPEN-FRAGEBOGEN ➔ auswählen (ein Nahrungsmittel pro Nahrungsgruppe). Beispiele finden Sie auf der nächsten Seite.

2. Die Lieblingsessen in das FRAGEBOGEN-ARBEITSBLATT ➔ eintragen.

3. Die Nahrungsmittel in den NAHRUNGSGRUPPEN-TABELLEN ➔ finden und die Punktzahl in das Arbeitsblatt eintragen. Die Gesamtpunktzahl je Kategorie ausrechnen.

4. Die Gesamtpunktzahlen in das BEWERTUNGSBAROMETER ➔ übertragen und die Beurteilung ablesen.

5. WAS SAGEN IHRE ERGEBNISSE ÜBER SIE AUS?

1.

Muster

(✔) Gemüse…	(✔) Früchte…	(✔) Meeresfrüchte…	(✔) Getreide…
☐ Artischocken	☐ Ananas	☐ Austern	☐ Brot
☑ Auberginen	☐ Äpfel	☑ Hering	☐ Cashewkerne
☐ Blumenkohl	☐ Bananen	☐ Hummer/Garnelen	☐ Erdnüsse
☐ Champignons	☐ Birnen	☐ Jakobsmuscheln	☑ Haferflocken
☐ Erbsen	☐ Erdbeeren	☐ Kabeljau	☐ Makkaroni
☐ Frühlingszwiebeln	☑ Feigen	☐ Katzenfisch	☐ Pecannüsse
☐ Grüne Bohnen	☐ Grapefruit	☐ Kaviar	☐ Reis

2.

Muster

Lieblingsessen eintragen		Glück Reichtum	Gesundheit Wohlbefinden	Ehe Familie	Sex Leidenschaft	Beruf Geschäft	Intelligenz Wissen
Auberginen	Gemüse	2	2	2	1	2	2
	Früchte						

3.

Muster

Gemüse	Glück Reichtum	Gesundheit Wohlbefinden	Ehe Familie	Sex Leidenschaft	Beruf Geschäft	Intelligenz Wissen
Artischocken	2	2	2	2	2	2
Auberginen	2	2	2	1	2	2
Blumenkohl	3	3	3	3	3	3

4.

Muster

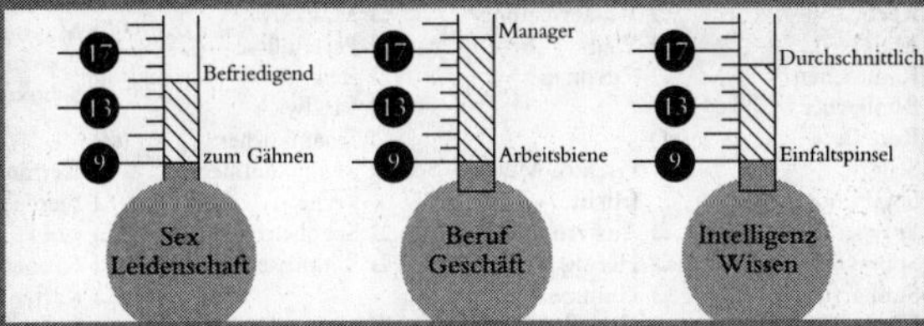

1. NAHRUNGSGRUPPEN-FRAGEBOGEN

- Kreuzen Sie in jeder der sieben Nahrungsgruppen Ihr favorisiertes Nahrungsmittel an. Wählen Sie aber nur solche Lebensmittel, die Sie buchstäblich »zum Fressen« gern mögen.
- Nehmen Sie die Tabellen zu Hilfe, um Ihr Persönlichkeits- und Charakterprofil zu erstellen.
- Legen Sie eine Durchschnittspunktzahl zugrunde, sollten Sie in einer Gruppe mehrere Dinge gleichermaßen mögen.

Machen Sie Kopien von dieser Fragebogen-Seite, und bitten Sie Freunde und Bekannte, ihre Nahrungsvorlieben anzukreuzen. Dann prüfen Sie, wie sehr die Charakterisierungen ins Schwarze treffen.

(✔)
Gemüse
❑ Artischocken
❑ Auberginen
❑ Blumenkohl
❑ Champignons
❑ Erbsen
❑ Frühlingszwiebeln
❑ Grüne Bohnen
❑ Grüne Paprika
❑ Gurken
❑ Karotten
❑ Kartoffeln
❑ Kidneybohnen
❑ Kohl
❑ Kopfsalat
❑ Kürbis
❑ Mais
❑ Radieschen
❑ Rhabarber
❑ Rote Bete
❑ Sellerie
❑ Sojabohnen
❑ Spargel
❑ Spinat
❑ Süßkartoffeln
❑ Tomaten
❑ Weiße Rüben
❑ Yamswurzeln
❑ Zucchini
❑ Zwiebeln

(✔)
Früchte
❑ Ananas
❑ Äpfel
❑ Bananen
❑ Birnen
❑ Erdbeeren
❑ Feigen
❑ Grapefruit
❑ Honigmelone
❑ Kastanien
❑ Kirschen
❑ Mandarinen
❑ Orangen
❑ Papaya
❑ Pfirsiche
❑ Wassermelone
❑ Weintrauben
❑ Zitronen

(✔)
Fisch & Meeresfrüchte
❑ Austern
❑ Hering
❑ Hummer/Garnelen
❑ Jakobsmuscheln
❑ Kabeljau
❑ Katzenfisch
❑ Kaviar
❑ Lachs
❑ Makrele
❑ Räucherfisch
❑ Sardellen
❑ Sardinen
❑ Seezunge
❑ Thunfisch
❑ Venusmuscheln

(✔)
Getreide, Körner & Nüsse
❑ Brot
❑ Cashewkerne
❑ Erdnüsse
❑ Haferflocken
❑ Makkaroni
❑ Pecannüsse
❑ Reis
❑ Sandwich
❑ Sesamkörner
❑ Sonnenblumenkerne
❑ Spaghetti
❑ Walnüsse

(✔)
Fleisch, Eier & Geflügel
❑ Eier
❑ Huhn
❑ Lamm
❑ Omelette
❑ Rind/Kalb
❑ Schweinefleisch
❑ Truthahn

(✔)
Chips, Süßes und mehr
❑ Chips
❑ Eiscreme
❑ Honig
❑ Joghurt
❑ Karamelbonbons
❑ Kekse
❑ Ketchup
❑ Marmelade
❑ Mayonnaise
❑ Popcorn
❑ Schokolade

(✔)
Getränke
❑ Bier
❑ Cola
❑ Grüner Tee
❑ Kaffee
❑ Limonade
❑ Milch
❑ Sake
❑ Schwarzer Tee
❑ Wein

1. NAHRUNGSGRUPPEN-FRAGEBOGEN

- Kreuzen Sie in jeder der sieben Nahrungsgruppen Ihr favorisiertes Nahrungsmittel an. Wählen Sie aber nur solche Lebensmittel, die Sie buchstäblich »zum Fressen« gern mögen.
- Nehmen Sie die Tabellen zu Hilfe, um Ihr Persönlichkeits- und Charakterprofil zu erstellen.
- Legen Sie eine Durchschnittspunktzahl zugrunde, sollten Sie in einer Gruppe mehrere Dinge gleichermaßen mögen.

Machen Sie Kopien von dieser Fragebogen-Seite, und bitten Sie Freunde und Bekannte, ihre Nahrungsvorlieben anzukreuzen. Dann prüfen Sie, wie sehr die Charakterisierungen ins Schwarze treffen.

(✔)
Gemüse
- ❑ Artischocken
- ❑ Auberginen
- ❑ Blumenkohl
- ❑ Champignons
- ❑ Erbsen
- ❑ Frühlingszwiebeln
- ❑ Grüne Bohnen
- ❑ Grüne Paprika
- ❑ Gurken
- ❑ Karotten
- ❑ Kartoffeln
- ❑ Kidneybohnen
- ❑ Kohl
- ❑ Kopfsalat
- ❑ Kürbis
- ❑ Mais
- ❑ Radieschen
- ❑ Rhabarber
- ❑ Rote Bete
- ❑ Sellerie
- ❑ Sojabohnen
- ❑ Spargel
- ❑ Spinat
- ❑ Süßkartoffeln
- ❑ Tomaten
- ❑ Weiße Rüben
- ❑ Yamswurzeln
- ❑ Zucchini
- ❑ Zwiebeln

(✔)
Früchte
- ❑ Ananas
- ❑ Äpfel
- ❑ Bananen
- ❑ Birnen
- ❑ Erdbeeren
- ❑ Feigen
- ❑ Grapefruit
- ❑ Honigmelone
- ❑ Kastanien
- ❑ Kirschen
- ❑ Mandarinen
- ❑ Orangen
- ❑ Papaya
- ❑ Pfirsiche
- ❑ Wassermelone
- ❑ Weintrauben
- ❑ Zitronen

(✔)
Fisch & Meeresfrüchte
- ❑ Austern
- ❑ Hering
- ❑ Hummer/Garnelen
- ❑ Jakobsmuscheln
- ❑ Kabeljau
- ❑ Katzenfisch
- ❑ Kaviar
- ❑ Lachs
- ❑ Makrele
- ❑ Räucherfisch
- ❑ Sardellen
- ❑ Sardinen
- ❑ Seezunge
- ❑ Thunfisch
- ❑ Venusmuscheln

(✔)
Getreide, Körner & Nüsse
- ❑ Brot
- ❑ Cashewkerne
- ❑ Erdnüsse
- ❑ Haferflocken
- ❑ Makkaroni
- ❑ Pecannüsse
- ❑ Reis
- ❑ Sandwich
- ❑ Sesamkörner
- ❑ Sonnenblumenkerne
- ❑ Spaghetti
- ❑ Walnüsse

(✔)
Fleisch, Eier & Geflügel
- ❑ Eier
- ❑ Huhn
- ❑ Lamm
- ❑ Omelette
- ❑ Rind/Kalb
- ❑ Schweinefleisch
- ❑ Truthahn

(✔)
Chips, Süßes und mehr
- ❑ Chips
- ❑ Eiscreme
- ❑ Honig
- ❑ Joghurt
- ❑ Karamelbonbons
- ❑ Kekse
- ❑ Ketchup
- ❑ Marmelade
- ❑ Mayonnaise
- ❑ Popcorn
- ❑ Schokolade

(✔)
Getränke
- ❑ Bier
- ❑ Cola
- ❑ Grüner Tee
- ❑ Kaffee
- ❑ Limonade
- ❑ Milch
- ❑ Sake
- ❑ Schwarzer Tee
- ❑ Wein

2. FRAGEBOGEN-ARBEITSBLATT

- Tragen Sie Ihr Lieblingsessen ein.
- Finden Sie die Nahrungsmittel in den Nahrungsgruppen-Tabellen, und tragen Sie die Punktzahlen in die Felder unter den Kategorien ein.
- Errechnen Sie nun die Gesamtpunktzahl je Kategorie.

FAVORISIERTES NAHRUNGSMITTEL EINTRAGEN ...	GLÜCK REICHTUM	GESUNDHEIT WOHLBEFINDEN	EHE FAMILIE	SEX LEIDENSCHAFT	BERUF GESCHÄFT	INTELLIGENZ WISSEN
GEMÜSE						
OBST						
FISCH, ...						
GETREIDE, ...						
FLEISCH, ...						
CHIPS, ...						
GETRÄNKE						
GESAMT-PUNKTZAHL						

In Bewertungsbarometer übertragen

2. FRAGEBOGEN-ARBEITSBLATT

- Tragen Sie Ihr Lieblingsessen ein.
- Finden Sie die Nahrungsmittel in den Nahrungsgruppen-Tabellen, und tragen Sie die Punktzahlen in die Felder unter den Kategorien ein.
- Errechnen Sie nun die Gesamtpunktzahl je Kategorie.

FAVORISIERTES NAHRUNGSMITTEL EINTRAGEN ...	GLÜCK REICHTUM	GESUNDHEIT WOHLBEFINDEN	EHE FAMILIE	SEX LEIDENSCHAFT	BERUF GESCHÄFT	INTELLIGENZ WISSEN
GEMÜSE						
OBST						
FISCH, ...						
GETREIDE, ...						
FLEISCH, ...						
CHIPS, ...						
GETRÄNKE						
GESAMT-PUNKTZAHL						

In Bewertungsbarometer übertragen

3. NAHRUNGSGRUPPEN-TABELLEN

(Übertragen Sie die Punktzahlen für Ihr favorisiertes Nahrungsmittel in das Arbeitsblatt)

Gemüse	GLÜCK REICHTUM	GESUNDHEIT WOHLBEFINDEN	EHE FAMILIE	SEX LEIDENSCHAFT	BERUF GESCHÄFT	INTELLiGENZ WISSEN
ARTISCHOCKEN	2	2	2	2	2	2
AUBERGINEN	2	2	2	1	2	2
BLUMENKOHL	3	3	3	3	3	3
CHAMPIGNONS	2	2	2	2	2	2
ERBSEN	2	3	3	2	2	1
FRÜHLINGSZWIEBELN	2	3	2	2	3	3
GRÜNE BOHNEN	2	3	1	1	2	3
GRÜNE PAPRIKA	2	2	2	2	2	2
GURKEN	2	3	2	3	2	2
KAROTTEN	3	3	2	3	3	3
KARTOFFELN	3	3	3	2	3	3
KIDNEYBOHNEN	3	3	1	2	3	3
KOHL	3	3	3	3	2	2
KOPFSALAT	2	3	2	2	2	3
KÜRBIS	3	3	3	3	3	3
MAIS	3	3	3	2	2	2
PILZE	3	3	2	2	3	3
RADIESCHEN	3	3	2	2	3	2
RHABARBER	2	2	1	2	2	1
ROTE BETE	1	2	2	1	2	1
SELLERIE	3	3	3	2	3	3
SOJABOHNEN	3	3	3	3	3	3

3. NAHRUNGSGRUPPEN-TABELLEN

(Übertragen Sie die Punktzahlen für Ihr favorisiertes Nahrungsmittel in das Arbeitsblatt)

Gemüse	GLÜCK REICHTUM	GESUNDHEIT WOHLBEFINDEN	EHE FAMILIE	SEX LEIDENSCHAFT	BERUF GESCHÄFT	INTELLGENZ WISSEN
SPARGEL	3	3	3	3	2	3
SPINAT	2	3	2	3	2	2
SÜSSKARTOFFELN	3	3	3	3	3	3
TOMATEN	3	3	3	3	3	3
WEISSE RÜBEN	2	3	3	1	3	3
YAMSWURZELN	3	3	2	2	2	3
ZUCCHINI	2	3	2	2	2	2
ZWIEBELN	3	3	2	2	3	2

Früchte	GLÜCK REICHTUM	GESUNDHEIT WOHLBEFINDEN	EHE FAMILIE	SEX LEIDENSCHAFT	BERUF GESCHÄFT	INTELLGENZ WISSEN
ANANAS	2	3	1	3	2	2
ÄPFEL	2	3	3	2	3	3
BANANEN	3	3	3	3	3	2
BIRNEN	2	3	3	2	2	2
ERDBEEREN	3	3	2	2	3	3
FEIGEN	3	3	3	3	3	3

3. NAHRUNGSGRUPPEN-TABELLEN

(Übertragen Sie die Punktzahlen für Ihr favorisiertes Nahrungsmittel in das Arbeitsblatt)

Früchte	GLÜCK REICHTUM	GESUNDHEIT WOHLBEFINDEN	EHE FAMILIE	SEX LEIDENSCHAFT	BERUF GESCHÄFT	INTELLIGENZ WISSEN
GRAPEFRUIT	2	3	2	1	2	2
HONIGMELONE	3	3	3	3	3	3
KASTANIEN	3	3	3	3	2	3
KIRSCHEN	2	3	2	3	2	3
MANDARINEN	3	3	2	3	3	3
ORANGEN	2	3	2	2	3	3
PAPAYA	2	3	1	3	2	3
PFIRSICHE	2	3	3	3	2	3
WASSERMELONE	2	3	3	3	2	2
WEINTRAUBEN	3	3	2	2	3	3
ZITRONEN	3	3	1	2	2	3

Fisch & Meeresfrüchte	GLÜCK REICHTUM	GESUNDHEIT WOHLBEFINDEN	EHE FAMILIE	SEX LEIDENSCHAFT	BERUF GESCHÄFT	INTELLIGENZ WISSEN
AUSTERN	3	3	3	2	3	3
HERING	1	2	1	1	2	2
HUMMER/GARNELEN	3	3	3	3	3	3

3. NAHRUNGSGRUPPEN-TABELLEN

(Übertragen Sie die Punktzahlen für Ihr favorisiertes Nahrungsmittel in das Arbeitsblatt)

Fisch & Meeresfrüchte	GLÜCK REICHTUM	GESUNDHEIT WOHLBEFINDEN	EHE FAMILIE	SEX LEIDENSCHAFT	BERUF GESCHÄFT	INTELLIGENZ WISSEN
JAKOBSMUSCHELN	3	3	2	2	3	3
KABELJAU	2	1	2	2	2	2
KATZENFISCH	2	2	2	2	3	2
KAVIAR	2	2	1	1	2	2
LACHS	2	3	1	1	2	2
MAKRELE	1	2	1	1	1	1
RÄUCHERFISCH	2	2	2	2	2	2
SARDELLEN	2	1	1	3	3	3
SARDINEN	2	2	1	1	2	2
SEEZUNGE	2	3	1	1	2	2
THUNFISCH	2	2	2	2	3	2
VENUSMUSCHELN	2	3	1	3	2	2

Getreide, Körner & Nüsse	GLÜCK REICHTUM	GESUNDHEIT WOHLBEFINDEN	EHE FAMILIE	SEX LEIDENSCHAFT	BERUF GESCHÄFT	INTELLIGENZ WISSEN
BROT	3	2	2	2	3	3
CASHEWKERNE	3	2	3	3	3	3

3. NAHRUNGSGRUPPEN-TABELLEN

(Übertragen Sie die Punktzahlen für Ihr favorisiertes Nahrungsmittel in das Arbeitsblatt)

Getreide, Körner & Nüsse	GLÜCK REICHTUM	GESUNDHEIT WOHLBEFINDEN	EHE FAMILIE	SEX LEIDENSCHAFT	BERUF GESCHÄFT	INTELLIGENZ WISSEN
ERDNÜSSE	2	2	2	2	2	2
HAFERFLOCKEN	3	3	1	1	3	2
MAKKARONI	2	2	2	3	2	2
PECANNÜSSE	2	2	1	2	2	2
REIS	3	3	3	3	3	3
SANDWICH	2	2	2	2	2	2
SESAMKÖRNER	3	3	3	3	3	3
SONNENBLUMENKERNE	3	2	1	1	2	2
SPAGHETTI	3	3	2	3	3	2
WALNÜSSE	3	3	3	3	3	3

Fleisch, Eier & Geflügel	GLÜCK REICHTUM	GESUNDHEIT WOHLBEFINDEN	EHE FAMILIE	SEX LEIDENSCHAFT	BERUF GESCHÄFT	INTELLIGENZ WISSEN
EIER	2	2	3	3	2	2
HUHN	2	2	2	2	2	2
LAMM	2	2	2	2	2	2
OMELETTE	2	2	2	2	3	3

3. NAHRUNGSGRUPPEN-TABELLEN

(Übertragen Sie die Punktzahlen für Ihr favorisiertes Nahrungsmittel in das Arbeitsblatt)

Fleisch, Eier & Geflügel	GLÜCK REICHTUM	GESUNDHEIT WOHLBEFINDEN	EHE FAMILIE	SEX LEIDENSCHAFT	BERUF GESCHÄFT	INTELLIGENZ WISSEN
RIND/KALB	2	1	1	2	2	2
SCHWEINEFLEISCH	2	1	1	1	2	1
TRUTHAHN	1	2	1	2	1	1

Chips, Süßes und mehr	GLÜCK REICHTUM	GESUNDHEIT WOHLBEFINDEN	EHE FAMILIE	SEX LEIDENSCHAFT	BERUF GESCHÄFT	INTELLIGENZ WISSEN
CHIPS	1	1	1	1	1	1
EISCREME	2	2	2	2	2	2
HONIG	3	3	3	3	3	3
JOGHURT	3	3	2	2	3	3
KARAMELBONBONS	2	1	2	2	1	2
KEKSE	2	2	3	2	2	2
KETCHUP	3	3	3	3	3	3
MARMELADE	1	2	2	2	2	2
MAYONNAISE	2	1	1	2	2	2
POPCORN	3	2	2	2	3	2
SCHOKOLADE	2	1	2	1	2	1

3. NAHRUNGSGRUPPEN-TABELLEN

(Übertragen Sie die Punktzahlen für Ihr favorisiertes Nahrungsmittel in das Arbeitsblatt)

Getränke	GLÜCK REICHTUM	GESUNDHEIT WOHLBEFINDEN	EHE FAMILIE	SEX LEIDENSCHAFT	BERUF GESCHÄFT	INTELLIGENZ WISSEN
BIER	2	2	2	2	2	2
COLA	1	1	1	1	1	1
GRÜNER TEE	2	3	2	2	2	3
KAFFEE	2	1	1	2	2	2
LIMONADE	1	2	2	1	1	1
MILCH	3	3	3	2	3	3
SAKE	2	1	2	1	3	2
SCHWARZER TEE	3	2	2	3	3	3
WEIN	2	1	1	3	2	2

4. BEWERTUNGSBAROMETER PERSÖNLICHKEIT/CHARAKTER

Die Barometer unten helfen Ihnen, sich selbst, Ihren Partner, Ihre Familie, Freunde, Vorgesetzte und Kollegen charakterlich einzuschätzen. Testen Sie jeden, den Sie kennen! Danach prüfen Sie, wie sehr die Charakterisierung mit der Realität übereinstimmt. Die Barometer wurden so konstruiert, daß sie auf Männer und Frauen gleichermaßen zutreffen. Viel Spaß!

Durchschnittliche Gesamtbewertung: Gesamtpunktzahlen der sechs Kategorien addieren und durch 6 dividieren. Ergebnis im Gesamtbarometer schraffieren, um die Einschätzung auf einen Blick ablesen zu können.

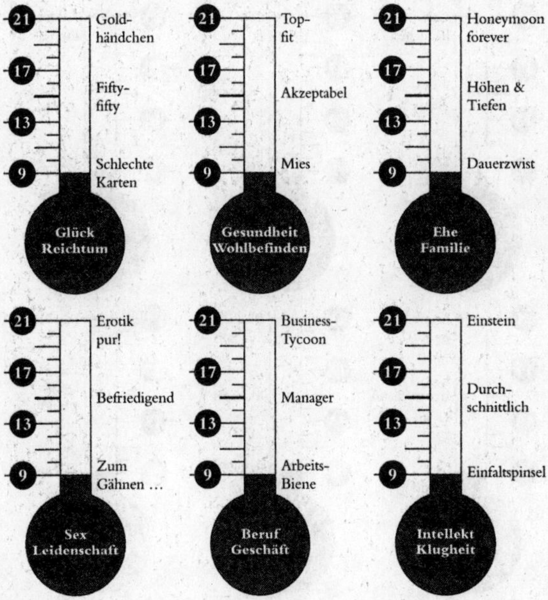

Name: ______________________ Datum: ____________

4. BEWERTUNGSBAROMETER PERSÖNLICHKEIT/CHARAKTER

Die Barometer unten helfen Ihnen, sich selbst, Ihren Partner, Ihre Familie, Freunde, Vorgesetzte und Kollegen charakterlich einzuschätzen. Testen Sie jeden, den Sie kennen! Danach prüfen Sie, wie sehr die Charakterisierung mit der Realität übereinstimmt. Die Barometer wurden so konstruiert, daß sie auf Männer und Frauen gleichermaßen zutreffen. Viel Spaß!

Durchschnittliche Gesamtbewertung: Gesamtpunktzahlen der sechs Kategorien addieren und durch 6 dividieren. Ergebnis im Gesamtbarometer schraffieren, um die Einschätzung auf einen Blick ablesen zu können.

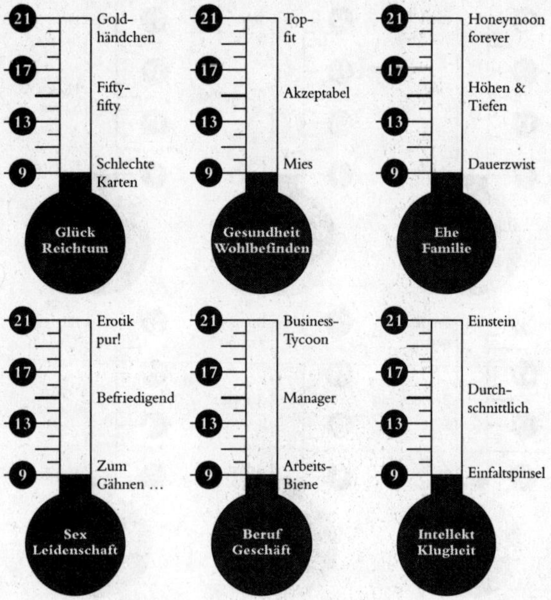

Name: ____________________ Datum: ____________

Gesamtbarometer Persönlichkeit/ Charakter

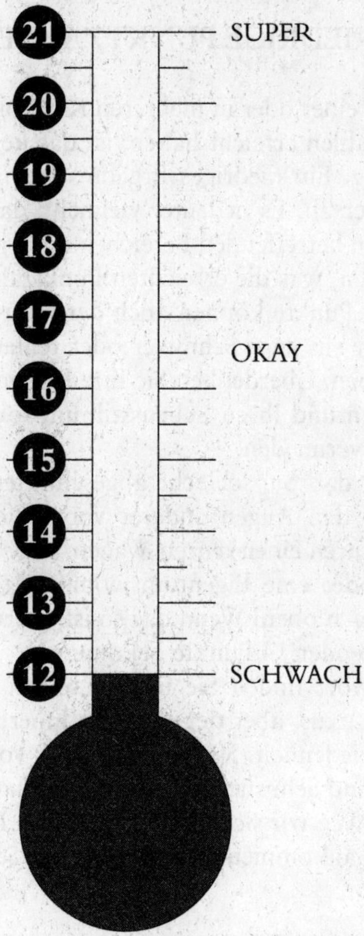

Was Ihre Punktzahlen bedeuten

NIEDRIGE PUNKTZAHLEN

Wenn Sie in einer oder in mehreren Kategorien nur niedrige Punktzahlen erreicht haben, ist das kein Grund zur Entmutigung. Ein niedriges Ergebnis stempelt Sie nicht zum Versager ab. Es bedeutet vielmehr, daß Sie Ihr Potential in den betreffenden Bereichen noch nicht voll entwickelt haben, was die erreichten Punktzahlen reflektieren. Wenige Punkte können auch der Hinweis sein, daß Sie sich dort ein paar Schnitzer oder fehlerhafte Urteile geleistet haben. Überdenken Sie Ihre Persönlichkeit, Ihre Einstellungen und Ihren Lebensstil, um solche Fehler in Zukunft zu vermeiden.

Möglich, daß Sie schlecht abgeschnitten haben, obwohl Sie in den Augen anderer vom Erfolg verwöhnt sind – Sie fahren einen teuren Wagen, haben ein schönes Häuschen oder eine Eigentumswohnung, Ihre Karriere führt steil nach oben. Wenn das so ist, warum haben Sie dann nur 13 oder 14 Punkte bekommen?

Die Antwort finden Sie in sich selbst. Sie genießen zwar allen Luxus, aber tief in Ihrem Innern rumort eine vage Unzufriedenheit. Sie sind getrieben von unerfüllten Wünschen und Sehnsüchten. Sie wissen, daß Sie noch einen langen Weg vor sich haben, bis Sie an Ihrem ultimativen Ziel ankommen und sich Ihr Schicksalskreis schließt.

Wenn Sie den maximalen Grad persönlicher Zufriedenheit noch nicht erreicht haben, gibt es nur eins: Sie müssen weiter kämpfen. In unserer Zeit des schnellen Wandels mögen alte Strategien ausgedient haben, positive Änderungen oder Richtungswechsel aber gefordert sein. Allzu häufig wehren Menschen sich gegen Veränderungen, aus Furcht, sich auf unbekanntes Terrain zu begeben. Sie halten an vertrauten Mustern fest, auch wenn diese Lebensgewohnheiten sie nicht mehr befriedigen, sind gefangen in einer Tretmühle, in der sie vor lauter Bäumen den Wald nicht mehr sehen. Gleiches trifft auf die Ernährung zu. Viele Leute essen aus reiner Gewohnheit immer wieder die gleichen Nahrungsmittel, obwohl sie wissen, daß diese ihrer Gesundheit und ihrem Wohlbefinden schaden. Diese schlechten Gepflogenheiten gilt es durch gesündere Alternativen zu ersetzen.

HOHE PUNKTZAHLEN

Hohe Punktzahlen, noch dazu in fast allen Kategorien, sind ein Indikator, daß Sie mit sich zufrieden und im reinen sind. Sie sollten aber aufpassen, nicht zu siegessicher oder gar arrogant zu werden. Außerdem kann ein niedriges Ergebnis in einer Kategorie einen negativen Einfluß auf eine hohe Punktzahl in einer anderen ausüben. Beispielsweise deckt eine hohe Punktzahl bei Intelligenz und eine niedrige bei Geschäft eine Diskrepanz auf: daß zwar die intellektuellen Voraussetzungen stimmen, jedoch das Fehlen kommunikativer oder zwischenmenschlicher Fähigkeiten den beruflichen Erfolg blockiert. Natürlich sind nicht nur intelligente Menschen erfolgreich. Viele durchschnittlich Intelligente haben großartige Verdienste vorzuweisen, weil ihre Wesensart Sympathie und Vertrauen weckt und die Kunden einfach gern mit ihnen zu tun haben. Ihre Persönlichkeit macht Schwächen in anderen Bereichen wett. Das gleiche Prinzip gilt für »Sex & Leidenschaft« und »Ehe & Familie«. Ausgewogenheit ist der Schlüssel – nicht nur auf die Ernährung bezogen –, denn kein noch so positives Persönlichkeitsmerkmal kann isoliert bestehen, ohne Interaktion mit anderen vorteilhaften Wesenszügen. Egal, wie viele Pferdestärken er unter der Haube hat – mit schlechten Reifen oder billigem, minderwertigem Benzin wird kein Formel-1-Wagen ein Rennen gewinnen. Je mehr Einklang zwischen Geist und Körper herrscht, um so besser sind die Chancen, daß sich auch die übrigen Kriterien im Lot befinden.

GESAMTBAROMETER PERSÖNLICHKEIT/ CHARAKTER

Dieser Gesamtbewertung sollten Sie nicht allzuviel Gewicht beimessen, die einzelnen Kategorien sind wichtiger. Wenn Sie lernen, die gesünderen, höher bewerteten Nahrungsmittel lieber zu mögen als Ihre jetzigen Favoriten, werden Sie in allen Bereichen höhere Punktzahlen bekommen. Davon profitiert nicht nur die Gesamtbewertung, sondern – viel wichtiger – Ihre Gesundheit und Ihr Wohlbefinden.

Sie können Ihre Punktzahlen – und Ihr Schicksal – positiv beeinflussen, indem Sie von jeder Nahrungsgruppe einfach mehr von den mit »3« oder »2« bewerteten Nahrungsmitteln verzehren. Das heißt nicht, Ihre Favoriten, auch wenn diese nur mit »1« zu Buche schlagen, ganz aufzugeben. In der Kuriyama-Philosophie geht es in erster Linie darum zu lernen, gesündere und ausgewogenere Speisen zuzubereiten und zu genießen – vor allem abends. Sie können negative Effekte Ihrer niedrig bewerteten, aber heißgeliebten »Ernährungssünden« neutralisieren, indem Sie sie mit hoch bewerteten Nahrungsmitteln kombinieren – allen voran Obst und Gemüse.

Bewertungsübersicht

Name	GLÜCK REICHTUM	GESUNDHEIT WOHLBEFINDEN	EHE FAMILIE	SEX LEIDENSCHAFT	BERUF GESCHÄFT	INTELLIGENZ WISSEN

Bewertungsübersicht

Name	GLÜCK REICHTUM	GESUNDHEIT WOHLBEFINDEN	EHE FAMILIE	SEX LEIDENSCHAFT	BERUF GESCHÄFT	INTELLIGENZ WISSEN

Gute Vorsätze & Notizen

Fassen Sie ab sofort einige gute Vorsätze, die Ihre Ernährung betreffen, und führen Sie Tagebuch darüber. Jeder „gesunde Happen“ wird Ihre Zukunft positiv beeinflussen!